Les cahiers d'**exercices** ASSiMiL®

Italien

Débutants

Federico Benedetti

À propos de ce cahier

Ce cahier est divisé en 20 chapitres, qui vous permettront d'acquérir au fur et mesure les bases de la langue italienne.

Chaque chapitre aborde une thématique distincte, en y intégrant différents points grammaticaux, comme par exemple la structure de la phrase, la négation, le futur, l'impératif ou encore les pronoms personnels. Des exercices ludiques vous aideront ensuite à les mettre en pratique et à les consolider. Le vocabulaire nécessaire à la compréhension et à la résolution des exercices est fourni dans des banques de mots.

Dans ces banques de mots, on a souligné la syllabe où tombe l'accent tonique, mais uniquement quand il ne tombe pas sur l'avant-dernière syllabe comme c'est le cas dans la plupart des mots italiens : vous pourrez ainsi vous familiariser avec une accentuation différente du français. Des exercices sur la phonétique vous aideront, à la fin de chaque chapitre, à mieux comprendre la relation entre l'orthographe et la prononciation.

Enfin, ce cahier vous permet d'effectuer votre autoévaluation : après chaque exercice, dessinez l'expression de vos icônes (🙂 pour une majorité de bonnes réponses, 😐 pour environ la moitié et ☹ pour moins de la moitié). À la fin de chaque chapitre, reportez le nombre d'icônes relatives à tous ces exercices et, en fin d'ouvrage, faites les comptes en reportant les icônes des fins de chapitres dans le tableau général prévu à cet effet !

Sommaire

1. Articles, noms et adjectifs 3
2. Les verbes essere et avere au présent de l'indicatif – Les pronoms personnels sujets 10
3. Formes négative et interrogative – Nombres de 0 à 10 14
4. Noms altérés – Comparatifs et superlatifs 19
5. Prépositions – Présent de l'indicatif des verbes réguliers – Forme de politesse 24
6. Prépositions (suite) – Nombres de 11 à 60.... 29
7. Adjectifs et pronoms possessifs – Pronoms personnels compléments directs 36
8. Présent des principaux verbes irréguliers 41
9. Passé composé – Accord du participe passé – Pronoms personnels compléments indirects 45
10. Formes passive, réfléchie, impersonnelle 51
11. Démonstratifs – Indicateurs de position dans l'espace 56
12. L'impératif – Les expressions de politesse... 62
13. Imparfait et plus-que-parfait – Pronoms personnels compléments 69
14. Les pronoms personnels groupés 75
15. Nombres (suite) 82
16. Exprimer le futur 89
17. Pronoms relatifs, interrogatifs et exclamatifs – Noms de villes 94
18. Verbes impersonnels – Gérondif 101
19. Prépositions, conjonctions, adverbes 107
20. Adjectifs et pronoms indéfinis – Exercices de révision 114

Solutions 120

Tableau d'autoévaluation 126

1

Articles, noms et adjectifs

vocabulaire : caractéristiques physiques et psychologiques, nationalités, objets

L'alphabet

L'alphabet italien comporte 21 lettres, prononcées de la façon suivante :

A	B	C	D	E	F	G
a	*bi*	*tchi*	*di*	*é*	*èffè*	*dji*
H	**I**	**L**	**M**	**N**	**O**	**P**
àcca	*i*	*èllè*	*èmmè*	*ènnè*	*o*	*pi*
Q	**R**	**S**	**T**	**U**	**V**	**Z**
kou	*èrrè*	*èssè*	*ti*	*ou*	*vi*	*dzéta*

Les mots qui contiennent d'autres lettres sont donc forcément étrangers ou d'origine étrangère, et se prononcent comme dans la langue d'origine : *download* (*télécharger*), *software* (*logiciel*), etc.

Les articles définis *(articoli determinativi)*

	masculin			féminin	
singulier	**il** devant une consonne (sauf s + consonne, gn-, ps-, z-) **il libro,** *le livre*	**lo** devant s + consonne, gn-, ps-, z. **lo zaino,** *le sac à dos*	**l'** devant une voyelle **l'italiano,** *l'Italien*	**la** devant une consonne **la moneta,** *la pièce*	**l'** devant une voyelle **l'italiana,** *l'Italienne*
pluriel	**i** **i libri,** *les livres*	**gli** **gli zaini,** *les sacs à dos* **gli italiani,** *les Italiens*		**le** **le monete,** *les pièces* **le italiane,** *les Italiennes*	

Les articles indéfinis *(articoli indeterminativi)*

<table>
<tr><th></th><th colspan="3">masculin</th><th colspan="2">féminin</th></tr>
<tr><td>singulier</td><td colspan="2">un
devant une voyelle ou une consonne (sauf s + consonne, gn-, ps-, z-)
un libro, un livre
un italiano, un Italien</td><td>uno
devant s + consonne, gn-, ps-, z.
uno zaino, un sac à dos</td><td>una
devant une consonne
una moneta, une pièce</td><td>un'
devant une voyelle
un'italiana, une Italienne</td></tr>
<tr><td>pluriel</td><td>dei
devant une consonne (sauf s + consonne, gn-, ps-, z-
dei libri, des livres</td><td colspan="2">degli
devant une voyelle ou devant s + consonne, gn-, ps-, z.
degli zaini, des sacs à dos
degli italiani, des Italiens</td><td colspan="2">delle
delle monete, des pièces
delle italiane, des Italiennes</td></tr>
</table>

Banque de mots

Note : le genre, « m. » pour masculin et « f. » pour féminin, sera indiqué quand il est différent de celui de la traduction française

americano, *américain*
anello (m.), *bague*
automobile, *automobile*
borsa (f.), *sac*
libro, *livre*
italiano, *italien*
matita (f.), *crayon*
moneta, *pièce (de monnaie)*
occhiali (m.), *lunettes*
ombrello, *parapluie*
penna (f.), *stylo*
psicologo, *psychologue*
ragazzo, *garçon*
scaffale (m.), *étagère*
studente, *étudiant*
studentessa, *étudiante*
telefono, *téléphone*
uomo, *homme*
zaino, *sac à dos*

Masculin et féminin

Vous remarquerez que les noms italiens finissent souvent par **-o** au masculin singulier, par **-i** au masculin pluriel, par **-a** au féminin singulier, par **-e** au féminin pluriel. Tenez compte de cela en faisant les exercices suivants !

1 Insérez à la bonne place chacun des articles contenus dans le sac.

a. .... ombrello
b. .... telefono
c. .... zaino
d. .... penna
e. .... scaffali
f. .... borse
g. .... libri
h. .... automobile

2 Reliez chaque article à son nom.

1. Un	a. psicologo
2. Uno	b. matita
3. Una	c. italiana
4. Un'	d. uomo
5. Dei	e. studenti
6. Degli	f. ragazze
7. Delle	g. libri

3 Écrivez à côté des articles définis et indéfinis le nom italien de l'illustration qui convient.

a. Il/Un ....
b. La/Una ....
c. Lo/Uno ....
d. L'/Un ....
e. I/Dei ....
f. Gli/Degli ....
g. Le/Delle ....

Banque de mots

amico, *ami*
australiano, *australien*
bambino, *enfant*
chiave, *clé*
collega, *collègue*
computer, *ordinateur*
danese, *danois*
donna, *femme*
fazzoletto, *mouchoir*
francese, *français*
inglese, *anglais*
irlandese, *irlandais*
mouse (m.), *souris*
olandese, *hollandais*
portafoglio, *porte-feuille*
quaderno, *cahier*
spagnolo, *espagnol*
straniero, *étranger*
tablet (m.), *tablette électronique*

4 Pour chaque nom, entourez le bon article.

1. psicologo → **a.** il / **b.** la / **c.** lo

2. amica → **a.** un / **b.** un' / **c.** una

3. francese → **a.** il / **b.** lo / **c.** un'

4. bambini → **a.** degli / **b.** dei / **c.** del

5. olandesi → **a.** gli / **b.** la / **c.** i

6. studentesse → **a.** la / **b.** delle / **c.** uno

Le nom

- La plupart des noms communs et des adjectifs qualificatifs italiens se comportent comme **ragazzo**, *garçon* (voir le tableau ci-dessous).

	masculin	féminin
singulier	**ragazzo**, *garçon*	**ragazza**, *fille*
pluriel	**ragazzi**, *garçons*	**ragazze**, *filles*

- Une seconde classe importante est formée des noms et adjectifs se terminant en **-e** au singulier, comme **francese**, *français.*

	masculin	féminin
singulier	**francese**	**francese**
pluriel	**francesi**	**francesi**

- Il existe pourtant des exceptions et des particularités.

– Si un mot se termine en **-co** ou en **-go** au masculin et en **-ca** ou en **-ga** au féminin, au pluriel on ajoute un **h** après le **c** ou le **g** pour conserver le son **[k]** ou **[g]** (voir aussi la phonétique aux chapitres 2 et 4).

Exemples : **ricco – ricchi,** *riche – riches* ; **amica – amiche,** *amie – amies* ; **lungo – lunghi,** *long – longs*

– Retenez quelques exceptions importantes :

- **l'amico – gli amici,** *l'ami – les amis*
- **lo psicologo – gli psicologi,** *le psychologue – les psychologues*
- il **greco – i greci,** *le Grec – les Grecs*

– Remarquez aussi le masculin en **-a** : **il collega – i colleghi,** *le collègue – les collègues,* qui est régulier au féminin (**la collega – le colleghe,** *la collègue – les collègues*).

5 **Écrivez à côté de chaque nom l'article correct, choisi parmi ceux de la liste ci-dessous.**

IL · LO · DEGLI · UN' · DELLE · UNA · DEI

a. .... portafoglio
b. .... fazzoletti
c. .... donna
d. .... amiche
e. .... spagnolo
f. .... stranieri
g. .... australiana

6 **Écrivez le pluriel des noms et articles suivants.**

singulier	→ pluriel
1. Il ragazzo	....
2. L'anello	....
3. Lo scaffale	....
4. L'automobile	....
5. La chiave	....

singulier	→ pluriel
6. Una donna	....
7. Uno straniero	....
8. Un'amica	....
9. Un'olandese	....
10. Un inglese	....

7 **Tournez au féminin les noms et articles masculins suivants.**

masculin	→ féminin
1. Il bambino	....
2. Lo spagnolo	....
3. L'americano	....
4. Un amico	....
5. Uno psicologo	....

masculin	→ féminin
6. Dei danesi	....
7. Degli irlandesi	....
8. Un uomo	....
9. Un collega	....

8 **Dans la grille de mots croisés ci-dessous, écrivez les mots correspondant aux images ; verticalement, vous trouverez le nom d'un objet familier.**

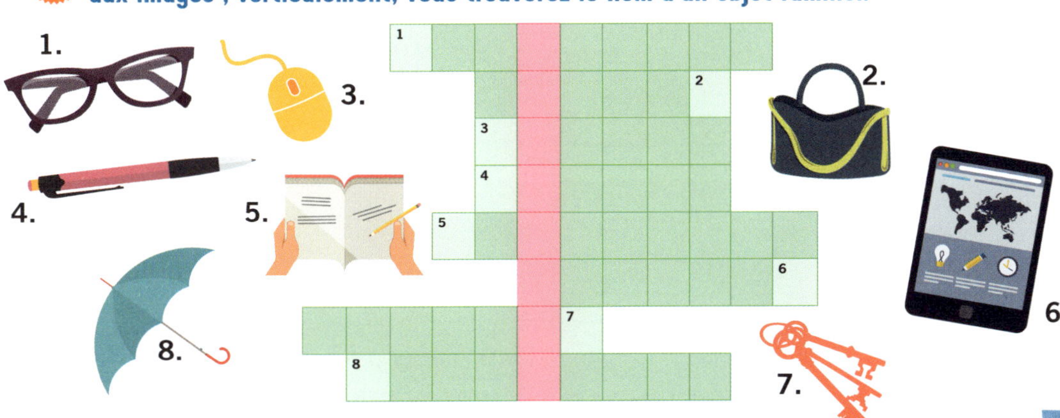

L'adjectif qualificatif

Nous avons vu que les adjectifs suivent la même morphologie que les noms. Bien sûr, quand un nom est associé à un adjectif, il n'auront pas forcément la même terminaison et ils pourront donc appartenir à deux classes différentes :

un ragazzo forte – dei ragazzi forti, *un garçon fort – des garçons forts*

una ragazza forte – delle ragazze forti, *une fille forte – des filles fortes*

9 Complétez le tableau.

masculin	féminin
1. un uomo ricco	....
2. uno studente straniero	....
3.	un'amica portoghese
4.	una bambina tranquilla
5. un ragazzo simpatico	....

Banque de mots

alto, *grand*
bello, *beau*
brasiliano, *brésilien*
colore (m.), *couleur*
gentile, *gentil*
grande, *grand*
greco, *grec*
interessante, *intéressant*
leggero, *léger*
mostra, *exposition*
noioso, *ennuyeux*
nuovo, *nouveau*
pesante, *lourd*
piccolo, *petit*
portoghese, *portugais*
povero, *pauvre*
ricco, *riche*
simpatico, *sympathique*
sottile, *fin*
tranquillo, *tranquille*
vecchio, *vieux*
vivace, *vif*

10 Complétez le tableau.

singulier	pluriel
1. una donna gentile	....
2.	dei colori vivaci
3. una bella mostra	....
4. lo zaino nuovo	....
5.	gli amici greci
6. la borsa pesante	....
7. l'uomo alto	....

Banque de mots

antipatico, *antipathique*
brutto, *laid*
corto, *court*
divertente, *amusant*
film, *film*
grasso, *gros*
intelligente, *intelligent*
largo, *large*
lungo, *long*
magro, *mince*
stretto, *étroit*

11 Des trois adjectifs a, b et c associés à chaque nom, seuls deux sont corrects ; barrez le mauvais.

1. un'amica	**a.** simpatica	**b.** gentile	**c.** italiano
2. la ragazza	**a.** alta	**b.** povere	**c.** brasiliana
3. un quaderno	**a.** sottile	**b.** grande	**c.** piccoli
4. dei libri	**a.** interessanti	**b.** noiose	**c.** nuovi
5. le monete	**a.** leggere	**b.** vecchie	**c.** inglese

12 Placez le numéro des adjectifs suivants dans les bonnes enveloppes selon leur genre (masculin, féminin ou même forme au masculin et au féminin).

1. gentile **2.** intelligente **3.** simpatica **4.** magra **5.** grasso **6.** grande **7.** stretto **8.** larga **9.** pesante **10.** interessante **11.** straniera **12.** povero

13 Séparez les adjectifs les uns des autres en traçant une barre transversale entre eux.

bassoaltostrettolargograssomagropiccolograndebellobrutto
simpaticoantipaticovecchionuovodivertentenoiosolungocorto

14 Associez correctement article, nom et adjectif.

1. Una	**2.** Le	**3.** I	**4.** Lo	**5.** Un
a. mostre	**b.** film	**c.** collega	**d.** zaino	**e.** bambini
A. piccolo	**B.** interessanti	**C.** divertente	**D.** antipatica	**E.** vivaci
1 – ..... –	2 – ..... –	3 – ..... –	4 – ..... –	5 – ..... – .....

Bravo, vous êtes venu(e) à bout du premier chapitre ! Il est maintenant temps de compter les icônes et de reporter le résultat en page 128 pour l'évaluation finale.

2

Les verbes *essere* et *avere* au présent de l'indicatif – Les pronoms personnels sujets

vocabulaire : sentiments et sensations

Essere (être)

(io) sono	*je suis*
(tu) sei	*tu es*
(lui, lei) è	*il, elle est*
(noi) siamo	*nous sommes*
(voi) siete	*vous êtes*
(loro) sono	*ils, elles sont*

Banque de mots

arrabbiato, *fâché*
caldo, *chaud*
caro, *cher*
contento, *content*
emozionato, *ému*
fame, *faim*
fantastico, *fantastique*
felice, *heureux*
freddo, *froid*
insegnante, *enseignant*
ospite, *hôte*
paura, *peur*
sete, *soif*
sonno, *sommeil*
spaventato, *épouvanté*
triste, *triste*

1 Complétez par les pronoms personnels sujets corrects.
Exemple : …… è italiano. → Lui è italiano.

a. …… siete fantastici!
b. …… sono spaventato.
c. …… siamo arrabbiati.
d. …… è felice.
e. …… sei un amico.
f. …… sono tristi.

2 Tournez au pluriel les phrases suivantes.
Exemple : L'ombrello è grande. → Gli ombrelli sono grandi.

a. Il bambino è vivace. ……………………………………………
b. La studentessa è emozionata. ……………………………………
c. Il ragazzo è arrabbiato. …………………………………………
d. Lei è una cara amica. ……………………………………………
e. L'insegnante è gentile. …………………………………………

3 Complétez les phrases suivantes avec les formes du verbe essere proposées dans la bulle.

1. Gabriele .... uno studente italiano.
2. Emma e Chiara .... delle care amiche.
3. Tu .... Sara?
4. Tu e Matteo .... dei ragazzi simpatici.
5. Io e Giorgia .... contente.
6. .... la nuova collega.

a. siete
b. sono
c. è
d. Sono
e. sei
f. siamo

Avere (avoir)

(io) ho	*j'ai*
(tu) hai	*tu as*
(lui, lei) ha	*il, elle a*
(noi) abbiamo	*nous avons*
(voi) avete	*vous avez*
(loro) hanno	*ils, elles ont*

N.B. : La lettre **h** au début des trois premières et de la dernière personne ne se prononce pas.

4 Complétez avec le sujet correct, en choisissant parmi ceux en dessous.

1. .... ho paura.
2. .... hai caldo.
3. .... ha sonno.
4. .... abbiamo sete.
5. .... avete freddo.
6. .... hanno fame.

a. Tu
b. Gli ospiti francesi
c. Bianca
d. Tu e Michele
e. Io
f. Io e Zoe

5 Associez chaque élément de gauche avec un élément de droite pour former des phrases.

1. Tu	**a.** è bravo.
2. Lo psicologo	**b.** hai fretta.
3. Io	**c.** sono sorpreso.
4. Gli amici stranieri	**d.** siete stanchi.
5. Tu e i colleghi	**e.** sono preoccupati.

Banque de mots

annoiato, *ennuyé*
bravo, *bon* (au sens de capable, doué)
carino, *joli*
cioccolato, *chocolat*
fiore (m.), *fleur*
fretta, *hâte*
gelato (m.), *glace*
preoccupato, *préoccupé, inquiet*
sorpreso, *surpris*
stanco, *fatigué*

6 **Complétez avec le verbe avere conjugué correctement.**

a. Noi .... le chiavi e voi .... l'ombrello.

b. Il ragazzo .... il cioccolato, io .... il gelato e lei .... i fiori.

c. Tu .... il computer ed Elena e Lara .... i libri.

d. Marcello e Matteo .... paura!

e. Tu e Sara .... freddo.

f. Le ragazze .... fretta.

g. Io .... sonno!

h. Io e Teo .... fame e sete.

i. La zia .... caldo.

7 **Complétez avec le verbe essere conjugué correctement.**

a. Io e Adele .... stanche.

b. Tu .... carino.

c. Gli studenti .... annoiati.

d. Io .... emozionata!

e. Gabriele .... spaventato.

f. Tu e Sofia .... felici.

Banque de mots

canadese, *canadien*

ciabatta (f.), *chausson*

cinese, *chinois*

cinque, *cinq*

Francia, *France*

macchina, *voiture*

marito, *mari*

palloncino, *ballon*

scuola, *école*

8 **Complétez ces phrases par les formes conjuguées proposées à côté. Chaque forme ne peut être utilisée qu'une fois.**

1. I bambini .... paura.
2. Tu e Carlo .... colleghi.
3. Io e Riccardo .... italiani.
4. Lea e Gaia .... studentesse straniere.
5. Mark .... inglese.
6. Tu e Marta .... le ciabatte.
7. .... freddo.
8. Bianca .... un fiore.
9. Tu .... intelligente.

a. sei
b. ha
c. hanno
d. siamo
e. è
f. Ho
g. siete
h. avete
i. sono

Les pronoms personnels sujets

Les pronoms personnels sujets sont presque toujours omis (c'est pour cela que nous les avons placés entre parenthèses dans les tableaux de conjugaison des verbes **essere** et **avere** ci-dessus) : *Je suis italien* → **Sono italiano**. Ils sont exprimés dans deux cas :

- si l'on veut accentuer l'importance du sujet. Exemple : **Io sono italiano** → *Moi, je suis italien* ;
- en cas d'opposition entre le sujet et une autre personne. Exemple : **Io sono italiano, e tu?** → Je suis italien, et toi ?

9 Insérez le pronom sujet opportun.

1. …… sono italiana, non lei!
2. …… avete fretta, noi no!
3. …… sono studenti, e voi?
4. …… ha la macchina, suo marito no.
5. …… abbiamo fame, e tu?
6. …… siete inglesi, …… sono australiani!

Phonétique : les sons [k] et [tch]

La consonne **c** se prononce différemment selon les voyelles qui la suivent, ou si elle est suivie ou pas de la lettre **h**, comme dans le tableau suivant.

Orthographe	Prononciation	Mots d'exemple
c + a, o, u	ka, ko, kou	caldo, il collega, la scuola
c + i, e	tchi, tché	cinque, felice
c + i + a, o, u	tcha, tcho, tchou	il cioccolato, la ciabatta
c + h + i, e	ki, ké	la chiave, stanche

10 Insérez chacun des mots de la liste ci-dessous dans la bonne case, selon qu'ils contiennent le son [k] ou le son [tch].

a. cinese **b.** stanco **c.** chiave
d. ciabatta **e.** canadese **f.** palloncino
g. computer **h.** Francia

[k]	[tch]
…………………………	…………………………
…………………………	…………………………
…………………………	…………………………

11 Placez un X dans la colonne correspondant au son présent dans le mot de chaque ligne.

Son	[k]	[tch]
1. francese		
2. stanchi		
3. cane		
4. cinque		

Son	[k]	[tch]
5. carino		
6. simpatico		
7. caldo		
8. felice		

Bravo, vous êtes venu(e) à bout du deuxième chapitre ! Il est maintenant temps de compter les icônes et de reporter le résultat en page 128 pour l'évaluation finale.

3

Formes négative et interrogative – Nombres de 0 à 10

vocabulaire : les vêtements, les couleurs, le visage

Banque de mots
belga, *belge*
biondo, *blond*
bocca, *bouche*
capello, *cheveu*
chiaro, *clair*
collo, *cou*
faccia (f.), *visage*
finlandese, *finlandais*
grosso, *gros*
guancia, *joue*
lentiggine, *tache de rousseur*
liscio, *lisse et droit* (se dit des cheveux)
mento, *menton*
naso, *nez*
no, *non*
occhio, *œil*
ondulato, *ondulé*
orecchia, *oreille*
polacco, *polonais*
riccio, *frisé*
rosso, *rouge* et *roux*
scuro, *foncé*

Formes négative et interrogative

- On construit la forme négative simplement en plaçant la conjonction **non** devant le verbe.
- On construit la forme interrogative en plaçant un point d'interrogation à la fin de la phrase affirmative ; à l'oral, on lui donnera une intonation interrogative (légèrement « ascendante »).

1 **Lisez et complétez par les formes interrogative et négative du verbe essere conjugué selon le sujet indiqué, comme dans l'exemple.**

Exemple : (Tu) **Sei** inglese? – No, (io) **non sono** inglese. **Sono** irlandese.

1. (Tu)...... danese? – No, (io) .... danese, ... finlandese.
2. (Lei) ...... spagnola? – No, (lei) .... spagnola, ... greca.
3. (Lui) ...... francese? – No, (lui) .... francese, ... belga.
4. (Loro) ...... brasiliani? – No, (loro) .... brasiliani, ... portoghesi.
5. (Tu) ...... greco? – No, (io) .... greco, ... italiano.
6. (Voi) ...... polacchi? – No, (noi) .... polacchi, ... francesi.

Banque de mots
berretto, *bonnet*
calza, *chaussette*
camicia, *chemise*
canottiera (f.), *débardeur*
cappello, *chapeau*
cappotto, *manteau*
cintura, *ceinture*
cravatta, *cravate*
dritto, *droit*
giacca, *veste*
giubbotto, *blouson*
gonna, *jupe*
guanto, *gant*
jeans, *jean* (toujours pluriel)
maglietta (f.), *t-shirt*
maglione, *pull*
pantaloni, *pantalon* (toujours pluriel)
sandalo (m.), *sandale*
scarpa, *chaussure*
sciarpa, *écharpe*
tacco, *talon (de chaussure)*
vestito, *vêtement* et *robe*

2 Complétez les mots croisés avec les parties du visage indiquées.

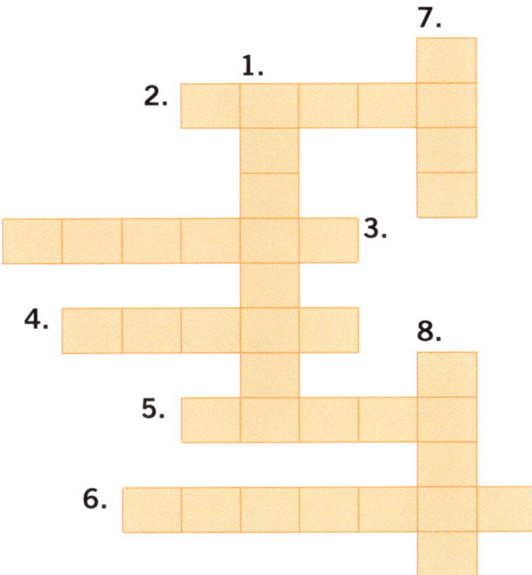

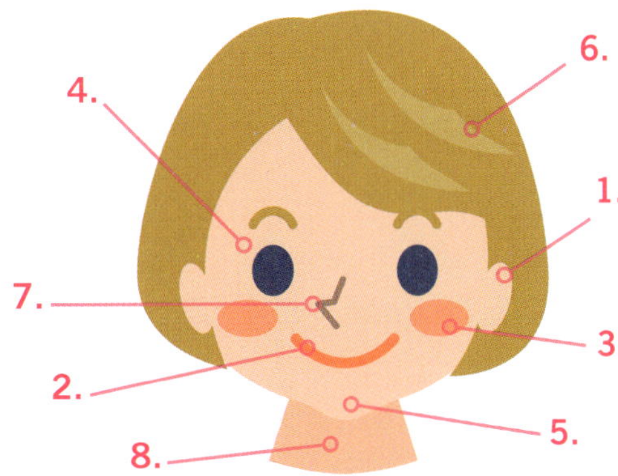

3 Complétez les phrases suivantes avec le verbe avere à la forme négative.

Exemple : Tu .... la bocca grande. ➜ Tu **non hai** la bocca grande.

a. Io e mio marito .... gli occhi scuri.

b. Tu e Aurora .... i capelli lunghi e ondulati.

c. Enrico e Pietro .... gli occhi chiari e le lentiggini.

d. Tu .... il naso grosso.

e. Giovanni .... i capelli ricci.

f. Io .... le orecchie piccole.

g. No, non è Elisa. Lei .... i capelli biondi e lisci.

h. No, noi .... un ombrello.

i. I miei amici .... una brutta faccia.

j. No, non sono Massimo e Leo. Loro .... i capelli rossi.

4 Entourez les vingt mots liés à l'habillement.

ABCAIGONNAOSEPPIODCALZELEMICONIUREESPANTALONIONIEGUANTIP

PICRAVATTATIGASELIADDASANDALIOCCOTURAPELISCIARPAIEGIACCA

TIVOLCAPPOTTOPARIGIUBBOTTOAECASOVESTITOPARCOJEANSLAVITESO

SAROPASCARPERETACINTURACARACAMICIACONSUETABERRETTOSIBAR

CAPPELLOPAVOBIFELPACITMAGLIONEPAPOVALUCOBAMAGLIETTABLIA

Les nombres de 0 à 10

0 zero
1 uno
2 due
3 tre
4 quattro
5 cinque
6 sei
7 sette
8 otto
9 nove
10 dieci

5 Écrivez en lettres les résultats des additions.

a. 5 + 5 = ...
....

b. 1 + 0 = ...
....

c. 4 + 5 = ...
....

d. 2 + 1 = ...
....

e. 3 + 3 = ...
....

f. 4 + 4 = ...
....

g. 2 + 2 = ...
....

Banque de mots

abito, *habit*
arancione, *orange* (couleur)
azzurro, *bleu clair*
Belgio (m.), *Belgique*
bianco, *blanc*
blu, *bleu*
braccialetto, *bracelet*
castano, *châtain*
elegante, *élégant*
felpa (f.), *sweat-shirt*
giaccone (m.), *grosse veste*
giallo, *jaune*
giornalista, *journaliste*
grigio, *gris*
largo, *large*
magro, *mince, maigre*
marrone, *marron* (couleur)
nero, *noir*
paio (m.), *paire*
rosa, *rose*
stivale (m.), *botte*
verde, *vert*
viola, *violet*

6 Complétez les phrases suivantes par les verbes essere ou avere aux formes interrogative ou négative, comme dans l'exemple ci-dessous.

Ex. : – Tu (avere) ... una maglietta gialla?
– No, ... una maglietta gialla.

– Tu **hai** una maglietta gialla? – No, **non ho** una maglietta gialla.

a. – Teo e Marco (avere) .... una felpa e un giaccone pesante?

– No, ... una felpa e un giaccone pesante.

b. – Elisa (avere) .... un cappotto lungo e gli stivali?

– No, ... un cappotto lungo e gli stivali.

c. – Marco e Maria (essere) .... biondi?

– No, ... biondi.

d. – Tu (avere) .... un abito corto e dei braccialetti?

– No, ... un abito corto e dei braccialetti.

e. – Tu e Alessandro (essere) .... cari amici?

– No, ... cari amici.

f. – Tu e Fabio (avere) .... due cravatte?

– No, ... due cravatte.

g. – (Io/essere) .... elegante?

– No, ... elegante!

h. – Eleonora (essere) .... castana?

– No, ... castana.

7 Associez le mot à l'image correspondante.

a. abito **b.** gonna **c.** felpa **d.** giacca **e.** giubbotto **f.** cappotto **g.** pantaloni

8 Replacez dans le bon ordre les lettres des anagrammes suivants pour obtenir des noms de couleurs.

a. ARSO ....

b. ZORZURA ....

c. DREVE ....

d. CIBONA ....

e. RENO ....

f. LOLIGA ....

g. SORSO ....

h. ULB ....

i. LAVIO . ...

j. ORECANINA ....

k. RIGOGI ....

l. NOMERRA ....

9 Écrivez à l'intérieur de l'étiquette correspondante les noms des vêtements dessinés ici.

Quelques pluriels particuliers

Remarquez que le pluriel du mot masculin **il paio**, *la paire*, est **le paia**, féminin en **-a**. Quelques autres mots se comportent ainsi, comme **l'uovo**, **le uova**, *l'œuf*, **il dito**, **le dita**, *le doigt*, **il centinaio**, **le centinaia**, *la centaine*, **il migliaio**, **le migliaia**, *le millier*.

Phonétique : les sons [g] et [dj]

- La consonne **g** se prononce différemment selon les voyelles qui la suivent, ou si elle est suivie ou pas de la lettre **h**, comme dans le tableau suivant.

Orthographe	Prononciation	Mots d'exemple
g + a, o, u	ga, go, gou	il belga, la gonna, la guancia
g + i, e	dji, djé	grigi, il gelato
g + i + a, o, u	dja, djo, djou	la giacca, grigio, il giubbotto
g + i + e	djé	grigie
g + h + i, e	gui, gué	larghi, larghe

10 Placez un X dans la colonne correspondant au son présent dans les mots indiqués.

Son	[g]	[dj]
1. giallo		
2. gonna		
3. guanti		
4. giubbotto		
5. giaccone		

Son	[g]	[dj]
6. giacca		
7. largo		
8. grigio		
9. elegante		
10. lentiggini		

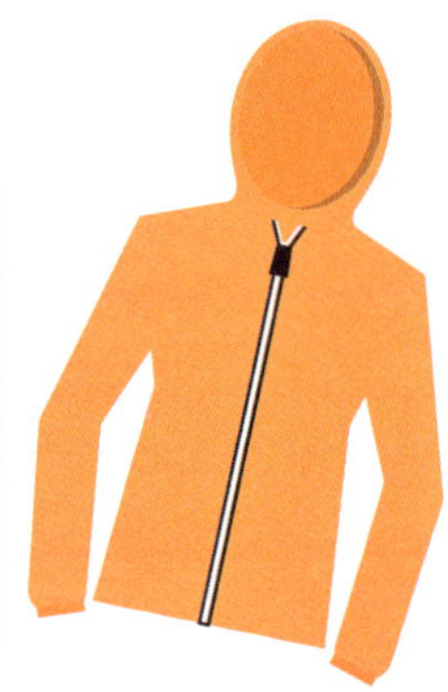

Bravo, vous êtes venu(e) à bout du troisième chapitre ! Il est maintenant temps de compter les icônes et de reporter le résultat en page 128 pour l'évaluation finale.

4

Noms altérés – Comparatifs et superlatifs

vocabulaire : nourriture

Les noms altérés

- Il est possible d'« altérer » le sens d'un nom commun en lui ajoutant un suffixe (à la place de la voyelle finale du mot). Voici le tableau des différentes altérations et de leurs suffixes.

Diminutifs	**Augmentatifs**	**Péjoratifs**	**Diminutifs** ayant le sens de « gracieux »
-ino	**-one**	**-accio**	**-etto**
il cucchiaio, *la cuillère* → **il cucchiaino,** *la petite cuillère*	**il naso,** *le nez* → **il nasone,** *le grand nez*	**il tavolo,** *la table* → **il tavolaccio,** *la vilaine table*	**la casa,** *la maison* → **la casetta,** *la jolie petite maison*

Banque de mots

aceto, *vinaigre*
bicchiere, *verre (à boire)*
carne, *viande*
coltello, *couteau*
cucchiaio (m.), *cuillère*
dolce, *doux, sucré* et *dessert*
forchetta, *fourchette*
fresco, *frais*
frutta (f. sing.), *fruits*
insalata, *salade*
minestra, *entrée, soupe*
olio (m.), *huile*
panino, *sandwich*
pasta (sing.), *pâtes*
patata, *pomme de terre*
pepe, *poivre*
pesce, *poisson*
piatto, *plat* et *assiette*
pollo, *poulet*
sale, *sel*
tavolo (m.), *table*
torta (f.), *gâteau*
verdura (f. sing.), *légumes*
zucchero, *sucre*

1 **Écrivez dans les cases du tableau suivant les noms altérés correspondant à chacun des mots de la colonne de gauche, comme dans l'exemple.**

	Diminutif	**Augmentatif**	**Péjoratif**
Ex. : bicchiere	bicchierino	bicchierone	bicchieraccio
1. tavolo	....	....	....
2. piatto	....	....	....
3. forchetta	....	....	....
4. coltello	....	....	....

2 **Soulignez ou entourez les quinze noms de mets ou d'aliments.**

O D O M I N E S T R A C O T O P A S T A L U S O P I C A R N E P O L A P O L L O S E R P E S C E
A T R I N S A L A T A M A R A V E R D U R A V O L M A R A P A T A T E C O L F R U T T A M E P A
O C I C O S I T O R T A L E C I A C E T O L P O R S A A D O P E P E L I C O R O L I O P R S A L E R O L
D O D U Z U C C H E R O E S R K F I N A P A L I

3 **Placez les noms altérés suivants sur les plateaux correspondant à leur classe d'altération.**

1. minestrina **2.** pescetto **3.** piattone **4.** dolcetto **5.** paninaccio **6.** gelatone **7.** tortina **8.** coltellaccio **9.** cucchiaione **10.** carnaccia **11.** polletto **12.** insalatina

a. Diminutifs
b. Augmentatifs
c. Diminutifs, sens de gracieux
d. Péjoratifs

Les degrés de l'adjectif : les comparatifs

- Les adjectifs qualificatifs subissent eux aussi des variations selon le degré d'intensité de la qualité indiquée. Voici le tableau des comparatifs de supériorité et d'infériorité : comme vous le voyez, l'adjectif est précédé d'adverbes (**più** et **meno**) et le second terme de comparaison est introduit par la préposition **di**.

Comparatif de supériorité	Comparatif d'infériorité
Carlo è più ricco di Luigi = *Carlo est plus riche que Luigi.*	**Luigi è meno ricco di Carlo** = *Luigi est moins riche que Carlo.*

- Si le second terme de comparaison est un nom commun précédé d'un article défini, ce dernier fusionne avec la préposition **di** en formant un article contracté, selon le tableau suivant (les formes sont les mêmes que le pluriel de l'article défini, voir chapitre 1).

	il	**lo**	**l'**	**la**	**i**	**gli**	**le**
di	**del**	**dello**	**dell'**	**della**	**dei**	**degli**	**delle**

Ex. : **Il pesce è più magro della carne** → *Le poisson est plus maigre que la viande.*
La carne è più grassa del pesce → *La viande est plus grasse que le poisson.*

Second terme de comparaison introduit par *che*

Si le second terme de comparaison est un adjectif ou s'il est précédé d'une préposition, il est introduit par la conjonction **che** à la place de **di.**

Exemples : **Carlo è più ricco che bello** = *Carlo est plus riche que beau.*
A Roma il caffè è più buono che a Parigi = *À Rome, le café est meilleur qu'à Paris.*

Banque de mots
buono, *bon*
cena (f.), *dîner*
colazione (f.), *petit déjeuner*
comodo, *confortable*
famoso, *célèbre*
formaggio, *fromage*
fritto, *frit*
lavoro, *travail*
pasto, *repas*
pranzo, *déjeuner*
prosciutto, *jambon*
riso, *riz*
salato, *salé*
tenero, *tendre*
tovaglia, *nappe*
veloce, *rapide*

4 Formez les comparatifs de supériorité comme dans les exemples.

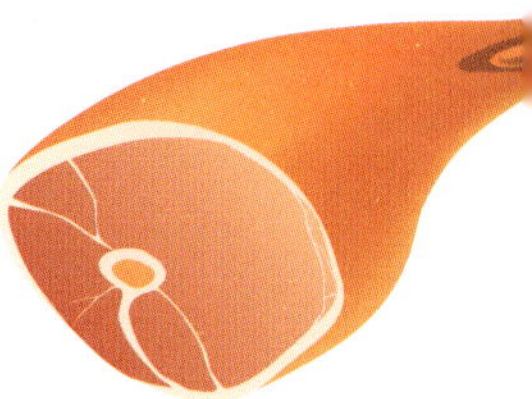

Ex. : I piatti verdi **sono più** grandi **dei** piatti gialli.
La tovaglia bianca è **più** bella **che** comoda.

a. La cena è .... leggera .... pranzo.
b. La colazione è .... veloce .... cena.
c. Questa torta è .... bella .... buona.

5 Formez les comparatifs d'infériorité comme dans les exemples.

Ex. : Il mio lavoro è **meno** interessante **del** tuo.
Questo lavoro è **meno** interessante per me **che** per te.

a. Le patatine fritte sono .... leggere .... insalata.
b. La frutta è .... dolce .... torta.
c. I bicchieri verdi non sono .... eleganti .... bicchieri blu.

Comparatif d'égalité

La conjonction **come** est placée entre l'adjectif et le second terme de comparaison.
Exemple : **Carlo è ricco come Luisa** → *Carlo est aussi riche que Luisa.*

6 **Formez les comparatifs d'égalité comme dans l'exemple.**

Ex. : I pesce è … la carne. **(buono)** → Il pesce è **buono come** la carne.

a. La minestra è .... la pasta. (calda)
b. Il formaggio è .... il prosciutto. (salato)
c. Il riso è .... la pasta. (buono)

Les superlatifs : le superlatif relatif

- L'adjectif est précédé de **il più** ou **il meno** : **La colazione è il più importante dei pasti** → *Le petit déjeuner est le plus important des repas.*
- Le nom auquel l'adjectif se réfère peut le précéder, sans répétion de l'article : **La colazione è il pasto più importante** → *Le petit déjeuner est le repas le plus important.*

7 **Formez le superlatif relatif selon le signe + ou –, comme dans les exemples.**

Ex. : Sandro è … collega … **(simpatico)** + → Sandro è **il** collega **più simpatico.**
Anna è … delle colleghe **(simpatica)**. – → Anna è **la meno simpatica** delle colleghe.

a. La pasta è .... (famoso) dei piatti italiani. +
b. Il pollo è .... carne .... (tenera). +
c. La torta è .... (leggero) dei dessert. –

Le superlatif absolu

On ajoute à l'adjectif le suffixe **-issimo** (pluriel **-issimi,** féminin singulier **-issima,** au pluriel **-issime**) ou bien l'adjectif est précédé de **molto**.

Carlo è ricchissimo ou **Carlo è molto ricco** → *Carlo est très riche.*

8 **Formez le superlatif absolu comme dans l'exemple.**

Ex. : Il pollo è … **(salato)**! Il pollo è **salatissimo**! **(molto salato)**
a. La carne è .... (tenera).
b. Gli spaghetti sono .... (buoni).
c. La minestra è .... (calda).

Banque de mots
acqua, *eau*
discesa, *descente*
dissetante, *désaltérant*
pane, *pain*
peperoncino, *piment*
piccante, *piquant*
primo (m.), *entrée (plat)*
sci, *ski*
sciocco, *sot*
sciroppo, *sirop*
spezia, *épice*
uscita, *sortie*
vino, *vin*

9 **Formez des phrases en associant un élément de chacune des trois colonnes ci-dessous, puis copiez les phrases ainsi formées sur les pointillés.**

1. L'acqua è	**a.** più salato	**A.** la pasta.
2. Il risotto è	**b.** la più piccante	**B.** del vino.
3. Il peperoncino rosso è	**c.** più dissetante	**C.** che dolce.
4. Il pane è	**d.** un primo come	**D.** delle spezie.

1. ....
2. ....
3. ....
4. ....

Phonétique : le son [ch] (comme le français *charade*)

Le groupe de consonnes **sc-** suivi de la voyelle **-i** ou de la voyelle **-e** se prononce [ch].

Exemples : **lo sci** [chi], *le ski*. **Il pesce** [péché], *le poisson*.

Si le groupe **sci-** est suivi des consonnes **-a**, **-e**, **-o**, **-u**, cela se prononce [cha], [ché], [cho], [chou].

Exemples : **la coscia**, *la cuisse*. **La scienza**, *la science*. **Lo sciocco**, *le sot*. **Il prosciutto**, *le jambon*.

10 **Soulignez seulement les mots qui contiennent le son [ch].**

1. pesce **2.** scivolo **3.** vassoio **4.** sciroppo **5.** forchetta **6.** asciugamano **7.** uscita **8.** sciocco **9.** pesche **10.** albicocche **11.** coscia **12.** amiche **13.** bistecche **14.** occhio **15.** prosciutto **16.** pesciolino

Bravo, vous êtes venu(e) à bout du chapitre 4 ! Il est maintenant temps de compter les icônes et de reporter le résultat en page 128 pour l'évaluation finale.

5

Prépositions – Présent de l'indicatif des verbes réguliers – Forme de politesse

vocabulaire : temps libre

Quelques prépositions

- Voici quelques prépositions d'usage fréquent ; vous trouverez le tableau complet au chapitre 19.

a *à*	**di** *de, en*	**in** *en, dans*	**per** *pour*
Abito a Roma, *J'habite à Rome.* **Gioco a calcio,** *Je joue au football.*	**La macchina di Carlo,** *La voiture de Carlo.* **Sono di Milano,** *Je suis de Milan.* **Un cucchiaio di legno,** *une cuillère en bois.*	**Abito in Italia,** *J'habite en Italie.* **Nuoto in piscina,** *Je nage dans la piscine.* **Nel tempo libero, suono la batteria,** *Dans mon temps libre, je joue de la batterie.*	**Scio per la prima volta,** *Je skie pour la première fois.* **Parto per l'Italia,** *Je pars pour l'Italie.*
Formes contractées (avec l'article défini)			
a + il = al a + lo = allo a + l' = all' a + la = alla a + i = ai a + gli = agli a + le = alle	di + il = del di + lo = dello di + l' = dell' di + la = della di + i = dei di + gli = degli di + le = delle	in + il = nel in + lo = nello in + l' = nell' in + la = nella in + i = nei in + gli = negli in + le = nelle	Pas d'article contracté, la préposition et l'article restent séparés (voir les exemples ci-dessus).

Banque de mots

ascoltare, *écouter*
ballare, *danser*
batteria, *batterie*
cantare, *chanter*
correre, *courir*
costruire, *construire*
dipingere, *peindre*
disegnare, *dessiner*
dormire, *dormir*
eccetera, *etc.*
figlio, *fils*
giocare, *jouer*
leggere, *lire*
libero, *libre*
musica, *musique*
nuotare, *nager*
oggetto, *objet*
pallavolo (f.), *volley-ball*
piscina, *piscine*
scatola, *boîte*
scolpire, *sculpter*
suonare, *jouer (d'un instrument de musique)*
tempo, *temps*

Le présent de l'indicatif des trois conjugaisons régulières

	Verbes en **-are**	Verbes en **-ere**	Verbes en **-ire** 1er groupe	Verbes en **-ire** 2e groupe
	cantare, *chanter*	**ripetere,** *répéter*	**finire,** *finir*	**partire,** *partir*
io	**canto**	**ripeto**	**finisco**	**parto**
tu	**canti**	**ripeti**	**finisci**	**parti**
lui, lei	**canta**	**ripete**	**finisce**	**parte**
noi	**cantiamo**	**ripetiamo**	**finiamo**	**partiamo**
voi	**cantate**	**ripetete**	**finite**	**partite**
loro	**cantano**	**ripetono**	**finiscono**	**partono**

1 Associez chaque radical à la désinence correspondante et écrivez les paires en dessous.

1. Lui legg- 2. Io scolp- 3. Loro ball- 4. Tu cant- 5. Lei disegn- 6. Voi dorm-

a. -isco b. -i c. -a d. -e e. -ite f. -ano

1. .... 3. .... 5. ....
2. .... 4. .... 6. ....

2 Complétez le tableau.

	1. Suonare	2. Correre	3. Dormire
Io	suon......	corr........	dorm......
Tu	suon......	corr........	dorm......
Lui/lei	suon......	corr........	dorm......
Noi	suon......	corr........	dorm......
Voi	suon......	corr........	dorm......
Loro	suon......	corr........	dorm......

3 Complétez les phrases avec les formes verbales suivantes.

1. ascolta **2.** costruisco **3.** giocano **4.** dipingete **5.** suoni **6.** nuotiamo

a. Nel tempo libero io .... piccoli oggetti, scatole, eccetera.
b. Noi .... in piscina.
c. Marco .... musica.
d. Tu ed Elena ....
e. I miei figli .... a pallavolo.
f. Tu .... la batteria!

Banque de mots
calcio, *football*
campagna, *campagne*
capire, *comprendre*
cucinare, *cuisiner*
disegno, *dessin*
montagna, *montagne*
pallacanestro (f.), *basket-ball*
passeggiare, *se promener*
poesia, *poème*
praticare, *pratiquer*
sassofono, *saxophone*
sciare, *skier*
scrivere, *écrire*
tango, *tango*
viaggio, *voyage*
yoga, *yoga*

4 Conjuguez les verbes comme dans l'exemple.

Exemple : Loro cucinano
→ Noi **cuciniamo**

a. Lei canta
→ Io ....

b. Lui disegna
→ Voi ....

c. Voi giocate
→ Lei ....

d. Io parto
→ Tu ....

e. Lui suona
→ Loro ....

5 Conjuguez le verbe à la personne indiquée entre parenthèses.

a. Ballare (tu) ....

b. Sciare (loro) ....

c. Correre (io) ....

d. Dipingere (voi) ....

e. Dormire (lui) ....

f. Scolpire (noi) ....

g. Capire (io) ....

h. Praticare (lei) ....

6 Associez les sujets aux actions correspondantes.

1. I bambini................ ☐
2. Tu .... ☐
3. Io e i miei amici ...... ☐
4. Io.......................... ☐
5. Emanuele e Giulia ... ☐
6. Michele .... ☐
7. Emma .... ☐

☐ **a.** scrivo poesie.
☐ **b.** finisce il disegno.
☐ **c.** disegnano.
☐ **d.** ballano il tango.
☐ **e.** parti per la montagna.
☐ **f.** passeggiamo in campagna.
☐ **g.** gioca a calcio.

Banque de mots
acquerello (m.), *aquarelle*
all'aperto, *en plein air*
antico, *ancien*
aperto, *ouvert*
bar, *café (endroit)*
bere, *boire*
camminare, *marcher*
cioccolata (f.), *chocolat*
collezionare, *collectionner*
mettere, *mettre*
ora, *maintenant*
pescare, *pêcher*
prendere, *prendre*
racconto, *récit* ou *conte*
sole, *soleil*

7 Complétez par la forme verbale correcte.

1. Noi (camminare) .... in montagna.
2. Io (finire) .... il lavoro.
3. Tu e Simone (leggere) ....
4. Mio marito (collezionare) .... libri antichi.
5.Tu (dipingere) .... bellissimi acquerelli.
6. Sara e Teo (ballare) ....
7. Voi (passeggiare) .... all'aperto.
8. Noi (dormire) .... !
9. Lui (scolpire) ....statuine di legno.

8 Trouvez les erreurs et corrigez-les le cas échéant.

Nel tempo libero in inverno io e le mie amiche
1. *mettiamo* .... vestiti pesanti e
2. *passeggiano* .... per ore.
3. *Bevono* .... cioccolata calda in un bar e **4.** *chiacchierate* ....
A casa io **5.** *cucino* .... e
6. *scrive* .... racconti.
In estate io **7.** *prende* .... il sole e mio marito **8.** *pesca* ....

Banque de mots

abbonamento, *abonnement*
ascolto (m.), *écoute*
casco, *casque (moto, vélo)*
costume, *maillot (de bain)*
cuffia (f.), *casque (pour écouter), bonnet de bain*
estate (f.), *été*
movimento, *mouvement*
obbligatorio, *obligatoire*
passo, *pas*
perché, *pourquoi* et *parce que*
portare, *porter* et *apporter*
primo, *premier*
regolamento, *règlement*
ritmo, *rythme*
sbagliare, *se tromper*
sport, *sport*
vasca (f.), *bassin*
volta, *fois*

La forme de politesse

On utilise la troisième personne du singulier, avec le sujet féminin **Lei**. Cela dérive d'une ancienne forme correspondant à « Votre Seigneurie ».

Pour **parli italiano?** (*parles-tu italien ?*), la forme de politesse correspondante est donc **parla italiano?** (*parlez-vous italien ?*).

9 Remplacez la forme de politesse par la forme de tutoiement.

Exemple : Lei è nuova in piscina! ➜ tu sei nuova in piscina

a. Ha l'abbonamento? ....

b. Lei non porta la cuffia! È' obbligatoria! ....

c. Lei non legge il regolamento! ....

d. Nuota molto bene. Brava! ....

e. Pratica molti sport? ....

10 Transformez la forme de tutoiement en forme de politesse avec Lei.

a. Tu balli per la prima volta? ....

b. Hai delle scarpe eleganti! ....

c. Conosci i passi del tango? ....

d. Tu non ascolti il ritmo. ....

e. Sbagli tutti i movimenti! ....

f. Perché non giochi a calcio? ....

Phonétique : le son [sk]

- **Sca, sco, scu,** se prononcent [ska], [sko], [skou].
- **Schi** et **sche** se prononcent [ski] et [ské].

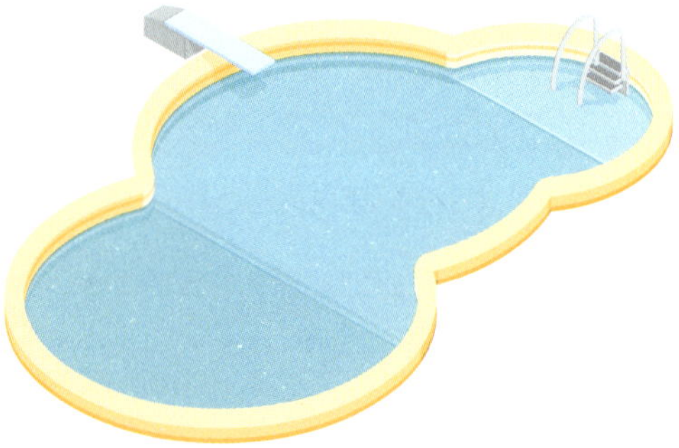

11 Entourez les mots contenant le son [sk].

a. SCATOLA **b.** COSTUME **c.** SCURO **d.** VASCA **e.** PISCINA **f.** FRESCHE
g. ASCOLTO **h.** SCI **i.** SCARPA **j.** SCURO **k.** PASTA **l.** CAPISCO **m.** SPORT
n. FINISCO **o.** PROSCIUTTO **p.** CASCO **q.** ESTATE

Bravo, vous êtes venu(e) à bout du chapitre 5 ! Il est maintenant temps de compter les icônes et de reporter le résultat en page 128 pour l'évaluation finale.

6

Prépositions (suite) – Nombres de 11 à 60

vocabulaire : heure, calendrier, repas

Quelques prépositions

Voici quelques prépositions d'usage fréquent ; vous trouverez le tableau complet dans le chapitre 19.

da, *de*	**con,** *avec*
Sens de provenance : **Partiamo da Milano**, *Nous partons de Milan.* Sens de durée : **Sono qui da mezzogiorno**, *Je suis ici depuis midi.* **Lavora dal lunedì al venerdì**, *Il travaille du lundi au vendredi.* « Chez » : **Siamo da Luigi**, *Nous sommes chez Luigi.*	**Lavoro con il computer**, *Je travaille avec l'ordinateur.* **Novembre è un mese con trenta giorni,** *Novembre est un mois avec trente jours.*
Formes contractées (avec l'article défini)	
da + il = dal / da + lo = dallo da + l' = dall' / da + la = dalla da + i = dai / da + gli = dagli da + le = dalle	con + il = col / con + lo = collo con + l' = coll' / con + i = coi con + gli = cogli / con + le = colle Ces formes, quoique correctes, sont assez rares et le plus souvent la préposition **con** et l'article restent séparés (voir l'exemple ci-dessus).

1 Barrez la préposition incorrecte :

1. Sono al cinema **da** / **con** mio marito.
2. Porto la macchina **dal** / **con il** meccanico.
3. La primavera va **da** / **con** marzo a giugno.
4. Sono a casa **da** / **con** un'ora.
5. Non siamo al ristorante, ma siamo a cena **dalla** / **con la** nonna.
6. Faccio ginnastica **con gli** / **dagli** attrezzi.
7. Alice viene **da** / **con** Venezia.

Banque de mots

attrezzo, *outil*
aperitivo, *apéritif*
artistico, *artistique*
chiudere, *fermer*
danza, *danse*
ginnastica, *gymnastique*
giorno, *jour*
o, *ou*
palestra (f.), *gymnase*
quando, *quand*
settimana, *semaine*
ora, *heure*

Les nombres de 11 à 20

11 undici — **12** dodici — **13** tredici — **14** quattordici — **15** quindici — **16** sedici — **17** diciassette — **18** diciotto — **19** diciannove — **20** venti

La formation des nombres au-delà de 20

- On ajoute simplement en un seul mot l'unité à la dizaine : 35 → **trentacinque**
- Par contre, si l'unité est **uno** ou **otto**, la dizaine perd la voyelle finale : 21 → **ventuno**, 68 → **sessantotto**.
- Les nombres se terminant par **-tre** prennent un accent sur le **e** de **tre** : 53 → **cinquantatré.**

Les dizaines jusqu'à 60

10 dieci
20 venti
30 trenta
40 quaranta
50 cinquanta
60 sessanta

2 **Associez à chaque addition ou soustraction son résultat.**

a. 30 + 11 = •
b. 20 + 25 = •
c. 30 + 30 = •
d. 40 + 18 = •
e. 55 – 20 = •
f. 30 – 15 = •
g. 29 – 2 = •
h. 24 – 2 = •

• **1.** quindici
• **2.** sessanta
• **3.** quarantuno
• **4.** cinquantotto
• **5.** ventidue
• **6.** trentacinque
• **7.** ventisette
• **8.** quarantacinque

L'heure

Pour demander l'heure : **Che ore sono?** ou **Che ora è?** *Quelle heure est-il ?*

On répond par : **Sono le...** *Il est...* Dans des contextes officiels ou très formels, l'heure sera précédée de **le ore** : **Sono le ore...** *Il est...*

L'heure *(suite)*

Sono le quindici e venticinque / Sono le tre e venticinque.

È mezzogiorno / Sono le dodici.

È la mezza / È mezzogiorno e mezza / Sono le dodici e trenta.

È l'una / Sono le tredici.

È mezzanotte / Sono le ventiquattro.

Sono le dieci e un quarto / Sono le dieci e quindici.

Sono le dieci e mezza / Sono le dieci e trenta.

Sono le dieci e tre quarti / Sono le dieci e quarantacinque / Sono le undici meno un quarto.

Sono le undici meno dieci / Sono le dieci e cinquanta.

Comme en français, les heures après midi peuvent se dire de deux manières :

Sono le ventidue e dieci / Sono le dieci e dieci.

Parfois on peut spécifier : **Sono le dieci di sera.**

→ *Il est dix heures du soir.*

3 **Complétez par l'heure indiquée par les horloges digitales.**

Che ore sono? / Che ora è?

a. 

Sono le ....

b. 

Sono le .... / Sono le ....

c. 

Sono le .... / Sono le .... e un ....

d. 

Sono le .... / Sono le .... /
Sono le .... meno ....

e. 

È .... / Sono le .... meno ....

f. 

Sono le .... / È ....

g. 

Sono le .... di sera / Sono le ....

4 **Répondez aux questions concernant les horaires de l'hôtel Rivazzurra (le cas échéant, avec les 2 expressions possibles).**

1. A che ora è la colazione? Dalle ore ………………… alle …………………… / ……………………………………………

2. A che ora è il pranzo? Alle ore ………………… / all' ……………………

3. A che ora è l'aperitivo? Dalle ore ……………… / ………… alle …………… / …………………………………… / ……………………………………

4. A che ora è la cena? Alle ore ……………… / ………………

Les parties de la journée (*le parti della giornata*)

la mattina, *le matin* — **il pomeriggio,** *l'après-midi* — **la sera,** *le soir* — **la notte,** *la nuit*

Les jours de la semaine (*i giorni della settimana*)

lunedì, *lundi*
martedì, *mardi*
mercoledì, *mercredi*
giovedì, *jeudi*
venerdì, *vendredi*
sabato, *samedi*
domenica, *dimanche*

Tous les noms de jours sont masculins sauf **domenica**, qui est féminin.

Un brutto lunedì di pioggia, *Un mauvais lundi de pluie.*

Una bella domenica di sole, *Un beau dimanche de soleil.*

Les mois de l'année (*i mesi dell'anno*)

gennaio, *janvier*
febbraio, *février*
marzo, *mars*
aprile, *avril*
maggio, *mai*
giugno, *juin*
luglio, *juillet*
agosto, *août*
settembre, *septembre*
ottobre, *octobre*
novembre, *novembre*
dicembre, *décembre*

Tous les noms de mois sont masculins.

Les quatre saisons (*le quattro stagioni*)

la primavera (f.), *le printemps* — **l'estate** (f.), *l'été* — **l'autunno** (m.), *l'automne* — **l'inverno** (m.), *l'hiver*

5 **Complétez en écrivant à côté de chaque horaire la partie de la journée correspondante.**

a. 21 h 30 : .... c. 07 h 50 : ....

b. 16 h 45 : .... d. 00 h 00 : ....

6 **À partir des 7 anagrammes ci-dessous, écrivez les 7 jours de la semaine, en ajoutant l'accent là où c'est nécessaire.**

1. VIDIEGO..
2. DEMIRTA..
3. MACIDENO....................................
4. DULINE ....
5. BOASTA ....
6. LEDEMIRCO...................................
7. RENVIDE..

7 **Observez le tableau des horaires de ce centre de bien-être et répondez aux questions en toutes lettres.**

PALESTRA BENESSERE

ORE	LUNEDI	MARTEDI	MERCOLEDI	GIOVEDI	VENERDI	SABATO	DOMENICA
10:00		YOGA		YOGA		YOGA	
11:15	GINNASTICA DOLCE		GINNASTICA DOLCE				
17:30	GINNASTICA ARTISTICA				GINNASTICA ARTISTICA		
20:45	DANZA			DANZA			

a. A che ora è DANZA? Alle ....

b. In che giorni è YOGA? Il .... , il .... e il ....

c. Quando è GINNASTICA ARTISTICA? Di .... e di .... alle ....
....

d. GINNASTICA DOLCE è di mattina o di pomeriggio? Di ....

e. DANZA è di pomeriggio? No, è di ....

f. In che giorno della settimana chiude la palestra? La ....

Banque de mots

andare, *aller*

casa, *maison*

cominciare, *commencer*

fare, *faire*

foglia, *feuille (d'un arbre)*

giornata, *journée*

mamma, *maman*

oro, *or*

serata, *soirée*

sogno, *rêve* (**sogni d'oro,** littéralement *rêves d'or*, équivalent des *beaux rêves* en français)

solo, *seul* et *seulement*

sorgere, *surgir* (*se lever*, en parlant du soleil)

splendere, *briller*

studiare, *étudier*

sveglia (f.), *réveil*

tramontare, *se coucher* (en parlant du soleil)

vero, *vrai* (ou *n'est-ce pas* à la fin d'une interrogation)

Les formules de salutation

Ciao!	Arrivederci!	Buongiorno!	Buonasera!	Buonanotte!
Salut !	*Au revoir !*	*Bonjour !*	*Bonsoir !*	*Bonne nuit !*

8 **Complétez avec la formule de salutation correcte.**

a. ....! Bella serata, vero?

b. ....! La giornata comincia!

c. .... e sogni d'oro!

d. ....! Va a pranzo?

e. .... Marco. Come va?

f. Parto. ....!

g. È tardi, noi dormiamo. ....!

h. Io vado, ... mamma!

Quelques adverbes de temps très fréquents

a volte	dopo	mai	presto	prima	sempre	spesso	tardi
parfois	*après*	*jamais*	*tôt*	*avant*	*toujours*	*souvent*	*tard*

9 **Complétez avec les lettres manquantes afin de former l'adverbe de temps le mieux adapté :**

a. _o_o il lavoro andiamo a casa.

b. In estate il sole sorge _re__o tramonta __r_i .

c. Sono stanco perché di notte non dormo _a_ .

d. Fa caldo e bevo __e_s_.

e. Domani cominciamo _ri__ perché abbiamo molto lavoro. _ _o_t_ la sveglia non suona.

f. Facciamo _em___ colazione.

Banque de mots

albero, *arbre*
mese, *mois*
nevicare, *neiger*
perdere, *perdre*
piovere, *pleuvoir*
sbocciare, *éclore*

10 **Indiquez à quelle saison ont lieu les phénomènes ci-dessous.**

a. Sbocciano i fiori. ....

b. A volte nevica. ....

c. Piove spesso e gli alberi perdono le foglie. ....

d. Fa caldo. ....

11 **Complétez avec les noms des mois.**

a. I mesi con trenta giorni sono ....

b. I mesi con trentuno giorni sono ....

c. Il mese con ventotto (o ventinove) giorni è ....

12 **Complétez avec l'expression correcte parmi celles ci-dessous.**

a. dal 21 giugno **b.** il 31 **c.** il 21 marzo **d.** 20 dicembre **e.** Oggi è

1. La primavera comincia ....

2. L'estate va .... al 22 settembre.

3. L'autunno finisce il ....

4. Halloween è .... di ottobre.

5. Che giorno è oggi? .... mercoledì 7 febbraio.

Phonétique : le son [gli]

La prononciation très particulière de ce groupe de lettres est proche de [ill] en français dans des mots comme *mouillé*, *fille*, etc.

13 **Observez les images et entourez seulement celles qui représentent des mots avec le son [gli], puis écrivez-les.**

....

....

....

....

1.

2.

3.

4.

5.

Bravo, vous êtes venu(e) à bout du chapitre 6 ! Il est maintenant temps de compter les icônes et de reporter le résultat en page 128 pour l'évaluation finale.

7

Adjectifs et pronoms possessifs – Pronoms personnels compléments directs

vocabulaire : relations de parenté, animaux domestiques

Adjectifs et pronoms possessifs

- Les adjectifs et les pronoms possessifs ont les formes suivantes :

	masculin singulier	masculin pluriel	féminin singulier	féminin pluriel
1re personne du singulier	**il mio**	**i miei**	**la mia**	**le mie**
2e personne du singulier	**il tuo**	**i tuoi**	**la tua**	**le tue**
3e personne du singulier	**il suo**	**i suoi**	**la sua**	**le sue**
1re personne du pluriel	**il nostro**	**i nostri**	**la nostra**	**le nostre**
2e personne du pluriel	**il vostro**	**i vostri**	**la vostra**	**le vostre**
3e personne du pluriel	**il loro**	**i loro**	**la loro**	**le loro**

Il faut toujours mettre l'article devant le possessif, sauf quand le possessif précède un mot indiquant une relation de parenté au singulier. On dira donc **il mio amico**, *mon ami,* mais **mio padre,** *mon père,* **mia madre,** *ma mère,* etc. L'article revient s'il s'agit d'un pluriel (**i miei fratelli,** *mes frères,* **le mie sorelle,** *mes sœurs*), ou d'un nom altéré (voir chapitre 4) : **il mio fratellino,** *mon petit frère,* **la mia mamma,** *ma maman* et **il mio papà,** *mon papa* (on les considère comme des diminutifs gracieux).
On peut avoir également l'article indéfini directement devant le possessif : **un mio amico,** *un de mes amis.* On utilise les mêmes formes comme pronoms, donc **il mio** signifie aussi *le mien.*

Banque de mots

abitare, *habiter*
amare, *aimer*
arrivare, *arriver*
bicicletta (f.), *vélo*
cane, *chien*
cognato, *beau-frère*
cugino, *cousin*
famiglia, *famille*
fidanzato, *fiancé*
fratello, *frère*
gatto, *chat*
madre, *mère*
nipote, *neveu* et *petit-fils*
nonno, *grand-père*
padre, *père*
papà, *papa*
preferito, *préféré*
preparare, *préparer*
sorella, *sœur*
suocero, *beau-père*
zio, *oncle*

1 Complétez avec l'adjectif possessif correct choisi dans la liste ci-dessous.

1. il suo **2.** i nostri **3.** la tua **4.** il vostro **5.** il loro **6.** il tuo **7.** la mia

a. È bellissima .... casa!
b. Lisa abita con .... fidanzato.
c. Noi ceniamo con .... figli.
d. I ragazzi amano .... cane.
e. Di che colore è .... gatto?
f. Lucia e Marco, questo è .... nipotino?
g. Io dormo con .... gattina.

2 Trouvez et soulignez les onze noms des relations de famille.

C U G I N O T R A L E O I N I P O T E O S A
I A P A D R E M I F U N E F R A T E L L O P
A C H I R I S O R E L L A A M A F A L L A I
M A D R E G I G H I S I R O Z I O A C E L U
O F A F I G L I O Q U A L O P O S O T I P A L
G A R O L L I N O N N O C E P U T O B O N
A V I S U O C E R O E P O C O G N A T O L I

3 Complétez avec l'adjectif possessif correct choisi dans la liste ci-dessous.

1. tua **2.** il mio **3.** nostri **4.** suo **5.** I miei **6.** i loro **7.** il vostro **8.** la mia

a. .... suoceri sono a pranzo e io preparo .... piatti preferiti.
b. I .... parenti preferiti sono gli zii.
c. La mia mamma e .... papà arrivano oggi.
d. Ti presento .... famiglia.
e. Signori buongiorno! Luca è .... nipotino?
f. .... sorella è più tranquilla della mia!
g. Anna e .... fratello arrivano oggi.

4 Complétez le tableau suivant.

Singulier	Pluriel
Tua sorella	**Le tue sorelle**
1.	I suoi cugini
Il loro cane	**2.** ....
3.	Le nostre case
Vostra nipote	**4.** ....
5.	Le mie biciclette
Tuo zio	**6.** ....
7.	Le mie nonne
Suo cognato	**8.** ....

Banque de mots

accompagnare, *accompagner*
adesso, *maintenant*
asilo nido (m.), *crèche*
collana (f.), *collier*
connessione, *connexion*
giardino, *jardin*
giocattolo, *jouet*
invitare, *inviter*
lavare, *laver*
moto, *moto*
orecchino (m.), *boucle d'oreille*
parente, *parent*
preferire, *préférer*
prestare, *prêter*
provare, *essayer*
rotto, *cassé*
spegnere, *éteindre*
sporco, *sale*

5 Complétez avec l'adjectif possessif correct.

1. Voi e .... zii camminate spesso in montagna.
2. Giovanni e Pietro prestano .... biciclette ai .... cugini.

3. Marianna a volte mette i vestiti di .... sorella.
4. Oggi lavo .... cane.
5. Invitiamo .... nonni a cena.
6. Metti sempre .... cappello.

6 Complétez le tableau suivant.

Singulier	Pluriel
Una mia amica	**Delle mie amiche**
1.	Dei vostri studenti
Una sua collega	2. ....
3.	Dei nostri insegnanti
Un tuo parente	4. ....

L'expression de la propriété

On utilise le possessif également pour demander à qui appartient quelque chose, et pour la réponse :

Sono vostri i giocattoli? No, non sono nostri, sono loro. → *Sont-ils à vous, les jouets ? Non, ils ne sont pas à nous, ils sont à eux.*

Dans ce cas, comme vous le voyez, on n'utilise pas d'article devant le possessif.

7 Répondez en utilisant le pronom possessif correct, comme dans l'exemple.

Exemple : È tuo lo zaino? (no – suo) → *No, non è mio, è suo.*

a. È sua la moto? (no – mia)
....

b. Signora, sono suoi gli spaghetti? (sì – miei)
....

c. Sono vostre le chiavi? (no – loro)
....

d. È di Elena il braccialetto? (sì – suo)
....

e. Sono tuoi gli orecchini? (no – suoi)
....

f. È la vostra macchina? (sì – nostra)
....

8 **Complétez avec le pronom possessif correct choisi dans la liste ci-dessous et trouvez l'intrus.**

1. i miei **2.** la tua **3.** il vostro **4.** il mio **5.** la sua **6.** le vostre **7.** il tuo **8.** il suo

a. Le nostre biciclette sono rotte, prendiamo ....

b. Il mio computer non ha la connessione, provo ....

c. Non ho una collana, metto ....

d. Il mio caffè è freddo, e .... signora?

e. Mio fratello ha molti giocattoli, ma gioca con ....

f. Il suo giardino è piccolo, preferisco ....

g. Il nostro cane è molto vivace, e ....?

INTRUS : ....

Le pronom personnel complément d'objet direct

• Les adjectifs et les pronoms possessifs ont les formes suivantes :

pronom sujet	complément d'objet direct
io	**mi,** *me* **Mi guardi** ➜ *Tu me regardes.*
tu	**ti,** *te* **Ti guardo** ➜ *Je te regarde.*
lui, lei	**lo,** *le* (masc.), **la,** *la* (fém. et forme de politesse) **Lo preparo** ➜ *Je le prépare* **La mangiamo** ➜ *Nous la mangeons* **La accompagno, signore** ➜ *Je vous accompagne, monsieur*
noi	**ci,** *nous* **Ci accompagnano** ➜ *Ils nous accompagnent*
voi	**vi,** *vous* **Vi accompagnamo** ➜ *Nous vous accompagnons*
loro	**li** (masc.), **le** (fém.), *les* **Li preferisco** ➜ *Je les préfère (eux).* **Le preferisco** ➜ *Je les préfère (elles).*

Ces pronoms précèdent toujours le verbe. Puisque la personne de politesse est la 3e personne du singulier au féminin (**Lei**), ce sont les pronoms personnels compléments correspondant à cette personne qui sont utilisés pour ce cas.

9 Complétez avec le pronom complément d'objet direct correct.

a. La pasta è buonissima. Mio marito .... prepara spesso.

b. Nostro zio .... accompagna sempre al lavoro.

c. A volte .... guardo mentre lavori.

d. Sono qui, ... vedi?

e. Arrivate oggi? .... invito a casa mia.

f. I miei nipotini sono all'asilo nido. Alle quattro .... vado a prendere.

g. Le biciclette sono in garage. .... prendete?

Phonétique : les doubles consonnes

On prononce les doubles consonnes en prolongeant leur son. On entend très bien quand elles sont dans un mot. Il faut toutefois bien apprendre l'orthographe des nouveaux mots, parce qu'il n'y a pas de règles précises pour savoir s'il y a une double consonne ou pas.

10 Dans la liste ci-dessous, les mots à double consonne sont écrits avec une seule ; corrigez-en l'orthographe. Attention, ce n'est pas le cas de tous !

a. ombrelo ....

b. sorela ....

c. viso ....

d. sole ....

e. colana ....

f. bracialeto ....

g. gato ....

h. quatro ....

i. amico ....

j. cognato ....

k. colega ....

l. nipote ....

m. maglieta ....

n. giaca ....

o. naso ....

p. boca ....

Bravo, vous êtes venu(e) à bout du chapitre 7 ! Il est maintenant temps de compter les icônes et de reporter le résultat en page 128 pour l'évaluation finale.

8

Présent des principaux verbes irréguliers

vocabulaire : magasins, courses

Le présent de l'indicatif des principaux verbes irréguliers en *-are*

	ANDARE *aller*	**DARE** *donner*	**FARE** *faire*	**STARE** *rester, être*
(io)	**vado**	**do**	**faccio**	**sto**
(tu)	**vai**	**dai**	**fai**	**stai**
(lui, lei)	**va**	**dà**	**fa**	**sta**
(noi)	**andiamo**	**diamo**	**facciamo**	**stiamo**
(voi)	**andate**	**date**	**fate**	**state**
(loro)	**vanno**	**danno**	**fanno**	**stanno**

Retenez que **stare** est utilisé dans les expressions idiomatiques indiquant un état, aussi bien d'âme que de santé : **Come stai?,** *Comment vas-tu ?* **Sto bene, grazie,** *Je vais bien, merci.*

Banque de mots

aiutare, *aider*
allora, *alors*
andare, *aller*
centro commerciale, *centre commercial*
dare, *donner*
dire, *dire*
dove, *où*
dovere, *devoir*
fare, *faire*
grazie mille, *merci beaucoup*
lontano, *loin*
niente, *rien*
parcheggio, *parking*
per favore, *s'il vous plaît* et *s'il te plaît*
potere, *pouvoir*
quando, *quand*
salire, *monter*
sapere, *savoir*
scala mobile (f.), *escalier roulant*
stare, *rester*
uscire, *sortir*
venire, *venir*
volere, *vouloir*

1 Traduisez.

a. Tu vas ....
b. Nous donnons ....
c. Elles font ....
d. Tu donnes ....
e. Je fais ....
f. Nous restons ....

2 Conjuguez le verbe à la personne indiquée entre parenthèses.

a. Andare (loro) ....
b. Dare (tu) ....
c. Fare (noi) ....
d. Stare (lui) ....
e. Andare (voi) ....
f. Fare (io) ....

Le présent de l'indicatif des principaux verbes irréguliers en *-ere*

	BERE *boire*	**DOVERE** *devoir*	**POTERE** *pouvoir*	**SAPERE** *savoir*	**VOLERE** *vouloir*
(io)	**bevo**	**devo**	**posso**	**so**	**voglio**
(tu)	**bevi**	**devi**	**puoi**	**sai**	**vuoi**
(lui, lei)	**beve**	**deve**	**può**	**sa**	**vuole**
(noi)	**beviamo**	**dobbiamo**	**possiamo**	**sappiamo**	**vogliamo**
(voi)	**bevete**	**dovete**	**potete**	**sapete**	**volete**
(loro)	**bevono**	**devono**	**possono**	**sanno**	**vogliono**

3 Traduisez.

a. Nous pouvons ....

b. Ils ne savent pas ....

c. Tu dois ....

d. Je ne veux pas ....

e. Elle boit ....

f. Vous voulez ....

4 Complétez les phrases suivantes.

a. Io (bere) .... l'acqua.

b. Tu (potere) .... aiutare la tua mamma.

c. Tu e Marco (dovere) .... lavorare.

d. Io e Sandro (volere) .... una casa nuova.

e. Leo (sapere) .... molte cose.

Le présent de l'indicatif des principaux verbes irréguliers en *-ire*

	DIRE *dire*	**SALIRE** *monter*	**USCIRE** *sortir*	**VENIRE** *venir*
(io)	**dico**	**salgo**	**esco**	**vengo**
(tu)	**dici**	**sali**	**esci**	**vieni**
(lui, lei)	**dice**	**sale**	**esce**	**viene**
(noi)	**diciamo**	**saliamo**	**usciamo**	**veniamo**
(voi)	**dite**	**salite**	**uscite**	**venite**
(loro)	**dicono**	**salgono**	**escono**	**vengono**

5 Traduisez.

a. Je ne viens pas. ....

b. Elles sortent. ....

c. Nous disons. ....

d. Ils montent. ....

e. Tu sors. ....

6 Complétez le dialogue entre une personne qui demande un renseignement et une autre qui lui répond avec la forme de politesse.

– Buongiorno. **1.** (***venire***) .... da lontano, **2.** non (***sapere***) .... dov'è il centro commerciale.

– Quando Lei **3.** (***uscire***) .... dal parcheggio, **4.** (***salire***) .... le scale mobili e vede il centro commerciale.

– Allora, **5.** (***uscire***) .... dal parcheggio e **6.** (***salire***) .... le scale. Grazie mille!

– Di niente. Mi **7.** (***dire***) .... da dove **8.** (***venire***) ....?

– Da Tarquinia. Arrivederci.

Banque de mots

anche, *aussi*
busta, *enveloppe*
caffè, *café (la boisson)*
cameriere, *serveur*
commesso, *vendeur*
comprare, *acheter*
conto (m.), *addition (dans le commerce)*
dire di sì / dire di no, *dire oui / dire non*
ecco, *voici* et *voilà*
fornaio, *boulanger*
fruttivendolo, *marchand de fruits*
gelataio, *marchand de glaces*
giornalaio, *marchand de journaux*
giornale, *journal*
lavanderia, *laverie*
panificio (m.), *boulangerie*
parrucchiere, *coiffeur*
pasticceria, *pâtisserie*
piega (f.), *pli et brushing (cheveux)*
Quant'è? *Cela fait combien ?*
resto (m.), *la monnaie (que l'on rend)*
spesa (f. sing.), *les courses*
supermercato, *supermarché*
tabaccheria (f.), *bureau de tabac*

7 Répondez aux questions en choisissant un mot dans la liste (attention : da, *chez*, voir chapitre 6).

a. fruttivendolo **b.** gelataio **c.** lavanderia **d.** supermercato **e.** tabaccheria **f.** pasticceria **g.** giornalaio **h.** parrucchiere **i.** bar **j.** panificio

1. Dove posso comprare un gelato?
Dal ....

2. Dove posso comprare del pane?
Al ....

3. Dove posso comprare una torta?
In ....

4. Dove posso comprare della verdura?
Dal ....

5. Dove posso comprare un giornale?
Dal ....

6. Dove posso comprare una busta?
In ....

7. Dove posso prendere un caffè?
Al ....

8. Dove posso fare la piega ai capelli?
Dal ....

9. Dove posso far lavare una camicia?
In ....

10. Dove posso comprare del formaggio?
Al..

8 Complétez les phrases en conjuguant le verbe entre parenthèses.

a. Voi (dire) .... di sì, noi (dire) .... di no.

b. I nonni (fare) .... la spesa.

c. La commessa (dare) .... il resto.

d. Noi (uscire) .... adesso dal supermercato.

e. I camerieri (fare) .... il conto.

f. Il fornaio (fare) .... il pane.

9 Traduisez.

a. Je vais chez le boulanger.

....

b. Ils ne sortent jamais.

....

c. Nous buvons un verre de vin.

....

d. Il veut sortir avec nous.

....

e. Vous ne dites rien.

....

10 Complétez le dialogue avec le verbe entre parenthèses conjugué selon le sens de la phrase.

Al Panificio "Pane d'oro"

– Ciao ragazzi! Come **1.** (***stare***) ....?

– **2.** (***Stare***)...................... bene, grazie. E Lei, come **3.** (***stare***) ....?

– **4.** (***Stare***) .... bene anch'io. Cosa **5.** (***volere***) .... di buono?

– Prendiamo del pane e una torta. Oggi **6.** (***uscire***) .... con i nostri amici e **7.** (***fare***) .... un bel pic-nic.

– E non **8.** (***bere***) .... niente?

– Ah sì. Prendiamo tre bottiglie d'acqua. Noi **9.** (***bere***) .... solo acqua. Quant'è?

– Voi **10.** (***prendere***) .... le borse e io **11.** (***fare***) .... il conto. Sono quattro euro e quarantacinque.

– Ecco. Arrivederci!

Bravo, vous êtes venu(e) à bout du chapitre 8 ! Il est maintenant temps de compter les icônes et de reporter le résultat en page 128 pour l'évaluation finale.

9

Passé composé – Accord du participe passé – Pronoms personnels compléments indirects

vocabulaire : métiers

Féminins particuliers

De nombreuses professions ont un féminin irrégulier.

- Les masculins en **-tore** font le féminin en **-trice** : **l'attore,** *l'acteur,* **l'attrice ; il direttore,** *le directeur,* **la direttrice,** etc. Exception : **il dottore,** *le docteur,* devient **la dottoressa.**
- Certains font le féminin en **-essa** : **il professore,** le professeur, **la professoressa ; il vigile,** *l'agent de la circulation,* **la vigilessa,** etc. Outre les professions, se comportent ainsi les titres de noblesse (**il conte,** *le comte,* **la contessa**) et quelques noms d'animaux (**il leone,** *le lion,* **la leonessa**).

Banque de mots

barista, *barman*
carta (f.), *papier*
conoscere, *connaître*
controllare, *contrôler*
cuoco, *cuisinier*
curare, *soigner*
direttore, *directeur*
dirigere, *diriger*
dottore, *docteur*
impiegato, *employé*
infermiere, *infirmier*
insegnare, *enseigner*
meccanico, *mécanicien*
medico, *médecin*
notizia, *nouvelle*
paziente, *patient*
professore, *professeur*
riparare, *réparer*
traffico, *trafic (circulation)*
tutto, *tout*
ufficio, *bureau*
vigile, *agent de la circulation*

1 **Associez chacun des métiers de la liste ci-dessous à sa définition, puis mettez-les au féminin.**

a. infermiere **b.** vigile **c.** professore **d.** meccanico **e.** barista
f. direttore **g.** impiegato **h.** dottore **i.** cuoco

1. Insegna : ....

2. Dirige il traffico : ....

3. Dirige degli uffici : ....

4. Lavora nel bar : ....

5. Cura i malati : ....

6. Aiuta il medico : ....

7. Ripara le macchine : ....

8. Cucina : ....

9. Lavora in ufficio : ....

Le participe passé

Très utile pour la conjugaison des temps composés, le participe passé des trois groupes réguliers se forme de la façon suivante :

Désinence de l'infinitif	-are	-ere	ire
Désinence du participe passé	↓ **-ato**	↓ **-uto**	↓ **-ito**

Exemples : **parlare → parlato ; vendere → venduto ; finire → finito.**

Malheureusement, la plupart des verbes sont irréguliers au participe passé… Voici les plus fréquents :

- en -are : **fare**, *faire* → **fatto**
- en -ere : **bere**, *boire* → **bevuto ; prendere**, *prendre* → **preso ; scrivere**, *écrire* → **scritto ; vedere**, *voir* → **visto ; vivere**, *vivre* → **vissuto ; scegliere**, *choisir* → **scelto.**
- en -ire : **aprire**, *ouvrir* → **aperto ; dire**, *dire* → **detto ; venire**, *venir* → **venuto.**

Le passé composé

Comme en français, il est formé du verbe auxiliaire **essere** ou **avere** suivi du participe passé du verbe à conjuguer.

Verbe **parlare** : **ho parlato, hai parlato, ha parlato, abbiamo parlato, avete parlato, hanno parlato.**

2 Complétez avec la forme correcte du passé composé des verbes réguliers indiqués entre parenthèses.

a. La barista (preparare) .... il caffè.

b. Il direttore (controllare) .... il lavoro degli impiegati.

c. Tu e i tuoi colleghi (finire) .... il lavoro.

d. I medici (curare) .... i pazienti.

e. Gli studenti (capire) .... la lezione.

f. Marco, (portare) .... la macchina dal meccanico?

g. (Io/andare).............................. con la nonna dal medico.

h. Tu e tuo fratello (arrivare) .... alla stazione.

3 **Complétez avec la forme correcte du passé composé des verbes irréguliers indiqués entre parenthèses.**

a. Io e i miei colleghi (dovere) .... lavorare tutto il giorno.

b. Voi (dare) .... le carte all'impiegata.

c. Io (sapere) .... la notizia dalla mia professoressa.

d. Tu (volere) .... la bicicletta.

e. Le mie figlie (scegliere) .... il menù.

f. Il dottore (dire) .... di mangiare verdura.

g. Paolo e Marco (venire) .... al cinema con noi.

Banque de mots

albergo, *hôtel*
bravo, *bon (capable)*
compleanno, *anniversaire* (d'une personne)
documento, *papier (par ex. d'identité)*
durante, *pendant*
febbre, *fièvre*
foto, *photo*
gola, *gorge*
ieri, *hier*
latte, *lait*
lista, *liste*
male, *mal*
medicina (f.), *médicament*
miele, *miel*
modulo, *formulaire*
multa, *contravention*
pagare, *payer*
regalare, *offrir*
ricetta, *ordonnance*
riposo, *repos*
ristorante, *restaurant*
spedire, *envoyer*
spray, *spray*
telefonare, *téléphoner*
visitare, *visiter*

Le choix de l'auxiliaire : *essere* ou *avere* ?

Dans la plupart des cas, on utilise **avere** pour les verbes transitifs (pouvant être suivis d'un COD) et **essere** pour les verbes intransitifs (d'état, de mouvement, etc.). Il existe cependant des exceptions : **camminare**, *marcher*, s'utilise avec **avere** (**ho camminato,** *j'ai marché*), tout comme **piacere,** *plaire,* avec **essere** (**mi è piaciuto,** *cela m'a plu*), etc.
Attention : Le verbe **essere** a comme auxiliaire lui-même : *J'ai été* = **Sono stato.**

4 **Complétez le dialogue suivant au passé composé.**

– Buongiorno dottoressa. **1.** (Io/venire) .... da Lei perché ieri **2.** (uscire) ...., **3.** (prendere) .... freddo e durante la notte **4.** (stare) .... male. Di notte **5.** (avere) .... la febbre.

– **6.** (Lei/prendere) .... delle medicine?

– No, niente. Non **7.** (andare) .... in farmacia. **8.** (bere) .... latte caldo e miele.

– Bene, le **9.** (guardare) .... la gola. È rossa, ma basta uno spray e un giorno di riposo. Le **10.** (fare) .... la ricetta. Arrivederci.

5 **Mettez chaque numéro de phrase dans la bonne enveloppe.**

1. .... andato al ristorante.
2. .... bevuto tutta l'acqua.
3. .... stato in ufficio tutto ieri.
4. .... uscito tardi.
5. Non .... potuto aiutare i miei amici.
6. .... venuto al bar con voi.

Les pronoms personnels compléments d'objet indirect

pronom sujet	complément d'objet indirect
io	**mi,** *me* **Mi parli,** *Tu me parles.*
tu	**ti,** *te* **Ti parlo,** *Je te parle.*
lui, lei	**gli,** *le* (masc.), **le,** *la* (fém. et forme de politesse) **Gli dico,** *Je lui dis (à lui).* **Le insegnamo,** *Nous lui apprenons (à elle).* **Le piace, signore?,** *Cela vous plaît, monsieur ?*
noi	**ci,** *nous* **Ci spiegano,** *Ils nous expliquent.*
voi	**vi,** *vous* **Vi raccontiamo,** *Nous vous racontons.*
loro	**gli,** *leur* (masc. et fém.) **Gli do,** *Je leur donne (à eux).* **Gli do,** *Je leur donne (à elles).*

Ces pronoms précèdent toujours le verbe.

Puisque la personne de politesse est la 3e personne du singulier au féminin (**Lei**), ce sont les pronoms personnels compléments correspondant à cette personne qui sont utilisés pour ce cas.

6 **Complétez chaque phrase avec l'un des pronoms personnels de la liste ci-dessous.**

a. gli **b.** le **c.** gli **d.** ti **e.** vi **f.** ci **g.** mi

1. Il suo fidanzato .... ha telefonato ieri.
2. .... ho scritto una mail. L'hai vista?
3. Siamo studenti. I professori .... hanno dato la lista dei libri.
4. Sono arrabbiato! La vigilessa .... ha fatto la multa.
5. Per il compleanno di Marco .... abbiamo regalato un tablet.
6. Vengono i miei amici. .... ho preparato una bella cena.
7. Giovanni e Michele, il barista .... ha portato il caffè!

L'accord du participe passé

Si le verbe auxiliaire est **essere**, le participe passé s'accorde avec le sujet, alors qu'avec **avere** il reste invariable.

Luisa è andata al ristorante e ha mangiato una pizza, *Luisa est allée au restaurant et a mangé une pizza.*

Quand le verbe au passé composé conjugué avec **avere** est précédé du complément d'objet direct, par exemple sous la forme d'un pronom personnel complément, le participe passé s'accorde avec lui.

Luisa e Carla, non le ho viste, *Luisa et Carla, je ne les ai pas vues.*

7 Accordez le participe passé avec le sujet de la phrase.

a. Noi sorelle siamo andat_____ a casa presto.
b. Elena è uscit_____ dall'ufficio tardi.
c. Marco è andat_____ in albergo.
d. I ragazzi sono venut_____ al bar.
e. Sono stat_____ al ristorante con mia moglie.
f. Voi studentesse siete partit_____ ieri.
g. Siete stat_____ bravi.

8 Complétez avec le pronom et le passé composé comme dans l'exemple.

Exemple : Le zie, **le abbiamo accompagnate** (noi/accompagnare) in albergo.

a. I panini, ... (lui/mangiare).
b. La mail, ... (spedire/io) ieri.
c. Il computer, ... (riparare/io).
d. La macchina, ... (portare/noi) dal meccanico.
e. Le multe, ... (pagare/io) ieri.
f. Il pranzo, ... (preparare/tu)?

9 Associez sujet et verbe au complément d'objet direct.

1. Il vigile ha fatto ☐
2. La cuoca ha cucinato ☐
3. Il meccanico ha riparato ☐
4. Il barista ha portato ☐
5. Il dottore ha visitato ☐
6. L'impiegato ha preparato ☐

☐ **a.** il pollo.
☐ **b.** i pazienti.
☐ **c.** i caffè.
☐ **d.** la moto.
☐ **e.** i documenti.
☐ **f.** la multa.

10 Complétez avec les pronoms personnels compléments d'objet indirect.

a. (A lui) .... hai detto di portare i documenti?

b. L'impiegato (a lei) .... ha dato il modulo?

c. (A loro) .... ho regalato un telefono.

d. (A te) .... ho mandato una mail.

e. (A me) .... hai fatto una foto?

f. (A noi) .... hai preparato la lista della spesa?

g. Il meccanico (a voi) .... ha riparato la macchina.

Phonétique : la lettre q

Elle est toujours suivie de la voyelle **u** qui se prononce toujours, en général suivie à son tour d'une autre voyelle : **quattro** [*kouàttro*].

Le son est donc le même qu'avec les lettres **c + u**. Il n'y a pas de véritable règle pour savoir si l'on utilise **qu** ou **cu** : il faut retenir l'orthographe des mots quand on les apprend...

11 Complétez par cu ou qu selon le mot.

a. ....attro

b. Tar.......inia

c. ....cchiaio

d. ....aranta

e. preoc.......pato.

f. ac.......a

g. ....adro

h. ....cinare

i. ....oco

j. ....rare

Bravo, vous êtes venu(e) à bout du chapitre 9 ! Il est maintenant temps de compter les icônes et de reporter le résultat en page 128 pour l'évaluation finale.

10

Formes passive, réfléchie, impersonnelle

vocabulaire : activités de la journée

Banque de mots

accarezzare, *caresser*
addormentare, *endormir*
allenare, *entraîner*
alzare, *lever*
ditta, *entreprise*
impegnare, *engager*
letto, *lit*
mondo, *monde*
paese, *pays*
persona, *personne*
pettinare, *coiffer* et *peigner*
rilassare, *relaxer*
stancare, *fatiguer*
stazione, *gare*
svegliare, *réveiller*
svestire, *déshabiller*
vacanza (f.sing.), *vacances*
vegetariano, *végétarien*
vestire, *habiller*

La forme passive

- **Au présent :** présent de l'indicatif du verbe auxiliaire **essere** + participe passé du verbe qui exprime l'action passive.

Exemple : **La lingua italiana è parlata in Italia** = *La langue italienne est parlée en Italie.*

- **Au passé composé :** passé composé du verbe auxiliaire **essere** + participe passé du verbe qui exprime l'action passive.

Exemple : **La lingua latina è stata parlata all'epoca romana** = *La langue latine a été parlée à l'époque romaine.*

Comme en français, le participe passé est toujours accordé avec le sujet.

Le complément d'agent est introduit par la préposition **da** éventuellement contractée si elle est suivie d'un article.

Exemple : **La lingua italiana è parlata dagli italiani** = *La langue italienne est parlée par les Italiens.*

1 Complétez à la forme passive (présent de l'indicatif).

Exemple : In Italia la pasta (mangiare) **è mangiata** da tutti.

a. L'inglese (studiare) .... in tutti i paesi.
b. I capelli (pettinare) .... dal parrucchiere.
c. L'*italian style* (amare) .... in tutto il mondo.
d. I piatti vegetariani (preparare) .... in molti ristoranti.

2 Complétez à la forme passive (passé composé).

Exemple : Il suo libro (leggere) **è stato letto** da molte persone.

a. Il lavoro (finire).. ieri.
b. Il film (vedere) .... in molti paesi.
c. La macchina (riparare) .... dal meccanico.
d. L'albergo (pagare) .... dalla ditta.

3 Transformez la forme active en passive.

Exemple : La collega ha accompagnato a casa Lara. ➜ **Lara è stata accompagnata a casa dalla collega.**

a. Molte persone scelgono le vacanze al mare. ➜ ……………………………………
……………………………………………………

b. I bambini accarezzano il gatto. ➜ ……
……………………………………………………
……………………………………………………

c. Gli zii hanno preparato la cena. ➜ …..
……………………………………………………
……………………………………………………

d. Mara ha accompagnato alla stazione i parenti. ➜ ……………………………………
……………………………………………………

4 Transformez la forme passive en active.

Exemple : La macchina è stata lavata dal papà. ➜ **Il papà ha lavato la macchina.**

a. Gli studenti sono aiutati dai professori. ➜ ……………………………………
……………………………………………………

b. La pizza è amata dagli Italiani. ➜ ……
……………………………………………………
……………………………………………………

c. Laura è stata visitata dal medico. ➜ …
……………………………………………………
……………………………………………………

d. La cena è stata pagata dal direttore. ➜ ……………………………………
……………………………………………………

La forme réfléchie

Le verbe est précédé par les pronoms **mi, ti, si, ci, vi, si.**

Exemple : **alzarsi,** *se lever.* **Mi alzo,** *je me lève.* **Ti alzi,** *tu te lèves.* **Si alza,** *il, elle se lève.* **Ci alziamo,** *nous nous levons.* **Vi alzate,** *vous vous levez.* **Si alzano,** *ils, elles se lèvent.*

Dans les temps composés, l'auxiliaire est toujours **essere**.

5 Reportez la lettre de chacune des actions ci-dessous en face de la partie de la journée où elle se déroule.

a. Mi addormento. **b.** Mi sveglio. **c.** Mi svesto. **d.** Mi impegno nel lavoro. **e.** Mi vesto. **f.** Mi alleno in palestra. **g.** Mi pettino. **h.** Mi lavo e mi metto a letto. **i.** Mi rilasso al parco. **j.** Mi alzo.

1. MATTINO ……………………………………………………
2. POMERIGGIO ……………………………………………………
3. SERA ……………………………………………………

6 Complétez les formes réfléchies suivantes avec le pronom approprié.

a. Di sera .... addormento presto.
b. Tu non .... pettini mai.
c. Tu e Sara .... rilassate al cinema.
d. Mia sorella .... è allenata tutti i giorni.
e. Domenica .... siamo svegliati molto tardi.
f. I miei colleghi .... sono impegnati molto.
g. Mio marito .... è stancato molto al lavoro.

Banque de mots
barba, *barbe*
cadere, *tomber*
ciuffo (m.), *mèche*
dente (m.), *dent*
lago, *lac*
massaggiare, *masser*
pausa, *pause*
piede, *pied*
pigiama, *pijama*
pulire, *nettoyer*
rompere, *casser* (participe passé : **rotto**)
rovesciare, *renverser*
rovinare, *abîmer*
sporcare, *salir*
tacco, *talon (de chaussure)*
tagliare, *couper*
tingere, *teindre*
tombino (m.), *bouche d'égout*
unghia (f.), *ongle*

Forme pronominale et « faux réfléchi »

Les mêmes pronoms sont utilisés quand la forme pronominale est suivie d'un complément d'objet direct. Exemple : **Mi metto le scarpe** = *Je mets mes chaussures.*

Il s'agit bien sûr d'un « faux réfléchi », cependant le participe passé des temps composés s'accorde toujours avec le sujet. Exemples : **Luisa si è messa le scarpe** = *Luisa a mis ses chaussures* ; **i bambini si sono messi le scarpe** = *les enfants ont mis leurs chaussures.*

7 Associez les verbes pronominaux suivants au complément d'objet direct approprié.

1. Maria e Lara si pettinano ☐
2. Voi vi siete messi ☐
3. Io mi massaggio ☐
4. Edoardo si è fatto ☐
5. Noi ci siamo preparati ☐

☐ a. i piedi.
☐ b. la barba.
☐ c. un caffè.
☐ d. i lunghi capelli.
☐ e. le scarpe basse.

8 Complétez en accordant le participe passé.

a. Mi sono tint____ i capelli.
b. Michele si è lavat____ le mani.
c. Voi sorelle vi siete tagliat____ le unghie?
d. Ci siamo fatt____ la barba.
e. Francesca e Sofia si sono mess____ i tacchi alti.
f. Lorenzo si è preparat____ la cena.
g. La bambina si è vestit____ da sola.
h. Tu e Alessandro, vi sei pettinat____ il ciuffo?

9 Complétez avec la forme pronominale du verbe entre parenthèses au présent de l'indicatif.

Exemple : Di mattina (io/svegliare) **mi sveglio** presto.

a. Prima di uscire (tu/lavare) .... i denti e (pettinare) ....

b. Per andare al lavoro (lei/vestire) .... con abiti eleganti.

c. In ufficio (lui/impegnare) .... molto.

d. Nel pomeriggio le ragazze (allenare).......................... in palestra.

e. Dopo lo sport (lui/lavare) .... sempre i capelli.

f. Di sera (noi/rilassare) .... in casa.

g. (Voi/addormentare) .... tardi.

h. Di notte (lei/mettere) .... il pigiama.

10 Mettez au passé composé les phrases de l'exercice précédent.

Exemple : Di mattina **mi sveglio** presto. → Di mattina **mi sono svegliato** presto.

a. ....

b. ....

c. ....

d. ....

e. ....

f. ....

g. ....

h. ....

Si impersonnel

Il correspond au « on » français et il est donc toujours suivi du verbe à la troisième personne.

Exemple : **In estate si va al mare,** *En été, on va à la mer.*

Cependant, si le verbe est à son tour suivi d'un COD, c'est avec celui-ci que le verbe s'accorde.

Exemple : **Si mangiano torte,** *On mange des tartes*

Le français *on se* est exprimé par **ci si** :

Ci si pettina, *On se coiffe* ; **Ci si pettinano i capelli,** *On coiffe ses cheveux.*

11 Transformez les phrases personnelles en impersonnelles comme dans l'exemple.

Exemple : Sul percorso **le persone corrono** tutti i giorni. ➜ Sul percorso **si corre** tutti i giorni.

a. Al parco le persone passeggiano. ....

b. Nella pausa pranzo le persone mangiano poco. ....

c. In palestra le persone si levano le scarpe. ....

d. La domenica a volte le persone vanno al lago. ....

e. Al mattino le persone fanno quasi sempre colazione. ....

f. In ufficio le persone bevono molti caffè. ....

g. A pranzo le persone preparano spesso gli spaghetti. ....

h. Il sabato sera le persone prendono l'aperitivo. ....

12 Complétez le dialogue à l'aide des phrases ci-dessous.

a. mi sono fatta **b.** mi sono svegliata **c.** mi sono pulita **d.** sono stata aiutata **e.** si sono sporcati **f.** è stato rovesciato **g.** si è rotto **h.** si è rovinato **i.** si viene

– Cosa hai fatto ieri Silvia?

– **1.** .... tardi e ho corso per arrivare al lavoro. Ma sono caduta,

2. .... male e i miei vestiti

3. .... Il direttore ha detto

4. "...................................... al lavoro così?"

5. .... dalle colleghe e

6. .... In ufficio un bicchiere di caffè

7. .... sulle mie carte e il mio lavoro

8. .... Poi un tacco della scarpa

9. .... e mi sono cadute le chiavi di casa in un tombino! Bellissima giornata…

Bravo, vous êtes venu(e) à bout du chapitre 10 ! Il est maintenant temps de compter les icônes et de reporter le résultat en page 128 pour l'évaluation finale.

11

Démonstratifs – Indicateurs de position dans l'espace

vocabulaire : maison, ameublement

Adjectifs démonstratifs

Singulier					
	Masculin			**Féminin**	
(près de la personne qui parle)	**questo**			**questa**	
(loin de la personne qui parle)	**quello** (devant **s** + consonne, **gn-**, **ps**)	**quell'** (devant voyelle)	**quel** (devant consonne, sauf **s** + cons., **gn-**, **ps**)	**quella** (devant consonne)	**quell'** (devant voyelle)
Pluriel					
	Masculin			**Féminin**	
(près de la personne qui parle)	**questi**			**queste**	
(loin de la personne qui parle)	**quei** (pluriel de **quel**)	**quegli** (pluriel de **quello** et de **quell'**)		**quelle**	

Si je dis **questo bambino**, je parle de *cet enfant-ci*, qui est près de moi ; quand je dis **quel bambino** je désigne donc *cet enfant-là*, loin de moi.

La maison et l'ameublement

apparecchiare, *dresser (la table)*
appendere, *accrocher*
armadio (m.), *armoire*
camera da letto, *chambre à coucher*
cucina, *cuisine*
divano, *divan*
finestra, *fenêtre*
ingresso (m.), *entrée (maison)*
lampada, *lampe*
legno, *bois*
letto, *lit*
libreria, *étagère (à livres)*
mensola, *console*
muro, *mur*
pavimento, *plancher*
salotto, *salon*
scaffale, *étagère*
sedia, *chaise*
sgabello, *tabouret*
specchio, *miroir*
stanza, *pièce*
tavola, *table*
vaso, *vase* et *pot*

1 Complétez par l'adjectif démonstratif opportun, indiquant ce qui est près de la personne qui parle.

a. .... casa mi piace.

b. Metto .... vasi colorati sulla mensola.

c. Dipingiamo la camera da letto con .... colore.

d. .... bambina è mia figlia.

e. Ho comprato .... sedie blu per il salotto.

2 Complétez par l'adjectif démonstratif opportun, indiquant ce qui est loin de la personne qui parle.

a. .... armadio è troppo grande per la nostra camera.

b. .... divano giallo è il mio preferito.

c. Apparecchio la tavola con .... tovaglia e .... piatti.

d. Compriamo .... sgabello rosso e .... sedie nere.

e. .... oggetti sono un ricordo dei miei viaggi.

Quelques indicateurs de position dans l'espace

qui et **qua,** *ici*
lì et **là,** *là-bas*

vicino, *près*
lontano, *loin*
qui vicino, *près d'ici*
là vicino, *près de là-bas*
vicino a, *près de*
lontano da, *loin de*

sopra, *sur, au-dessus*
sotto, *sous, en dessous*
dentro a, *dedans*
fuori da, *en dehors de*
a destra, *à droite*
a sinistra, *à gauche*
al centro, *au centre*

in mezzo a, *au milieu de*
accanto a, *à côté de*
davanti a, *devant*
dietro a, *derrière*
di fianco a, *à côté de*
in fondo a, *au fond de*

3 Complétez par l'adjectif démonstratif opportun.

a. .... casa in fondo alla via è la mia.

b. Mettiamo .... tavolo (qui) accanto alla finestra.

c. Dipingiamo di verde i muri di .... stanza.

d. .... pavimenti (là) nel negozio sono di legno.

e. Con .... sgabelli gialli che hai visto in negozio arrediamo la cucina.

f. .... armadio là che avete comprato l'anno scorso è perfetto nella casa nuova.

g. Su .... mensole metto i libri.

h. Nell'ingresso ho appeso .... specchio che mi hai regalato anni fa.

La préposition *su*

Elle correspond à *sur* dans plusieurs sens.

- position dans l'espace : **Il libro è su quel tavolo** → *Le livre est sur cette table-là* ;
- argument, inhérence : **Ho letto un libro su Botticelli** → *J'ai lu un livre sur Botticelli.*

Formes contractées (avec l'article défini) :

su + il → **sul** | su + lo → **sullo**
su + l' → **sull'** | su + la → **sulla**
su + i → **sui** | su + gli → **sugli**
su + le → **sulle**

Banque de mots

bagno (m.), *salle de bains*
chiesa, *église*
coperta, *couverture*
cuscino, *coussin* et *oreiller*
decorazione, *décoration*
farmacia, *pharmacie*
gradino (m.), *marche*
mobile, *meuble*
occupare, *occuper*
parco, *parc*
poltrona (f.), *fauteuil*
porta, *porte*
tappeto, *tapis*
scala, *escalier* et *échelle*
scivolare, *glisser*
semaforo, *feu tricolore*
via, *rue*

4 **Dans la description suivante de la pièce, remplacez les pointillés par l'indicateur de position le plus opportun, choisi dans la liste ci-dessous.**

sopra – in mezzo – sotto
davanti – a sinistra

a. Il tappeto è .... alla stanza.

b. Il divano è .... alla libreria.

c. Il tavolino è .... il tappeto.

d. La lampada è .... del divano.

e. Il libro è .... il tavolo.

5 **Complétez par les couples d'indicateurs de position choisis dans la liste ci-dessous.**

qua / là – dentro / di fianco – qui vicino / accanto – vicino / lontano

a. .... mettiamo il divano e .... la poltrona.

b. Il parco è ....? – No, è ....

c. Casa tua è ....? – Sì, è .... al parco.

d. Sei .... la chiesa? – No sono .... alla chiesa.

6 **Dans les dialogues suivants, remplacez les pointillés par les indicateurs de position les plus opportuns, choisis dans la liste ci-dessous.**

fuori – dietro – al centro – a destra – là vicino – sotto – in fondo

a. Scusi, dov'è la farmacia? – La farmacia è .... al supermercato, ... a questa via.

b. Dov'è il bagno per favore? – È .... la scala.

c. Dov'è il gatto? – .... il divano.

d. Dove sei? – Sono .... dalla porta!

e. Dove devo girare al semaforo? – Devi girare ....

f. Dove metto il vaso con i fiori? – .... della tavola.

7 **Complétez les phrases par l'article contracté correct, choisi dans la liste ci-dessous (quelques-uns pourront être utilisés plusieurs fois).**

su – sul – sullo – sull' – sulla – sui – sugli – sulle

a. Ho messo un vaso di fiori .... finestra.

b. Attento a non scivolare .... scale.

c. Il libro di cucina è .... scaffale.

d. Abbiamo fatto delle decorazioni .... muro.

e. Il gatto è salito .... albero.

f. Il vaso è .... mensola.

g. Siamo seduti .... gradini.

h. Metto i cuscini .... questo letto.

i. Ho visto un film .... Napoleone.

Pronoms démonstratifs

Singulier		Pluriel	
Masculin	**Féminin**	**Masculin**	**Féminin**
questo	questa	questi	queste
quello	quella	quelli	quelle

Ils peuvent être suivis de **qui** ou **qua** et de **lì** ou **là** ; cela renforce le sens de position dans l'espace : **Preferisci questo qui o quello là?** → *Préfères-tu celui-ci ou celui-là ?*

Le pronom **ciò** correspond à *ceci* et à *cela*. De sens neutre, il s'accorde pourtant au masculin : **ciò è bello,** *cela est beau.*

8 Complétez avec les bons pronoms démonstratifs.

a. Preferisci questa poltrona o .... là?

b. Quali cuscini mettiamo sul divano? .... qui o .... là?

c. Tu mi dai quelle chiavi e io ti do .... (qua).

d. Quella stanza è occupata. Potete dormire in .... (qua).

e. Quali coperte preferisci sul letto, ... o .... ?

f. Non mi piace questo mobile, preferisco .... là.

g. Quel ragazzo non è gentile, ... invece sì.

Verbes irréguliers

RIMANERE, *rester*	**VALERE,** *valoir*
rimango	valgo
rimani	vali
rimane	vale
rimaniamo	valiamo
rimanete	valete
rimangono	valgono
Participe passé : rimasto	**Participe passé :** valso

Banque de mots

altro, *autre*
appartamento, *appartement*
artista, *artiste*
balcone, *balcon*
condominio, *immeuble* et *copropriété*
cosa, *chose*
fine settimana (f. invariable), *week-end*
gente (toujours f. sing.), *gens*
pena, *peine*
periodo (m.), *période*
piazza, *place*
sala (f.), *salon*
spettacolo, *spectacle*

9 Complétez par le verbe rimanere au présent de l'indicatif.

a. Cosa fai oggi? – .... in casa.

b. Oggi Annachiara .... al lavoro fino a tardi.

c. Noi .... qui.

d. Spesso Andrea .... a letto tutta la mattina.

e. I nostri amici .... a casa nostra una settimana.

10 Complétez par le verbe valere au présent de l'indicatif.

a. Questi orecchini .... poco.

b. Nello sport io non .... niente.

c. Tu .... molto come artista.

d. Non ne .... la pena!

e. Questi mobili antichi .... molto.

C'è, ci sono

Cette formule correspond à *il y a* et s'accorde avec ce qui la suit, qui est son sujet.

Exemples : **Sul tavolo c'è un libro** → *Sur la table il y a un livre* ;
Sulla sedia ci sono due libri → *Sur la chaise il y a deux livres.*

Étant formé du pronom **ci** (*y*) et du verbe **essere** à la troisième personne, **c'è** se conjugue aux différents temps et modes de la phrase, et le participe passé s'accorde avec le sujet aux temps composés.

Exemples : **Ci sono stati temporali** → *Il y a eu des orages* ;
Ci sono state belle giornate → *Il y a eu de belles journées.*

11 Dans le dialogue suivant, remplacez les points par c'è ou ci sono.

– Com'è la tua nuova casa?

– È un piccolo appartamento accanto a un parco. Nel condominio .... sei appartamenti. Nel mio .... anche un grande balcone. Nell'ingresso .... uno specchio antico, nella sala .... un divano giallo, una poltrona, una libreria e una lampada. In cucina .... un tavolo verde e sulle mensole .... moltissimi oggetti. Sul balcone .... delle grandi piante.

12 Dans le dialogue suivant, remplacez les pointillés par ci sono stati – ci sono state – c'è stato – c'è stata.

– Com'è stato il tuo periodo in Italia?

– Nei primi tempi al lavoro .... giornate difficili perché non conosco bene la lingua, ma .... molta gente che mi ha aiutato. Per fortuna .... quasi sempre bel tempo e nei fine settimana .... molti spettacoli nelle piazze.

Bravo, vous êtes venu(e) à bout du chapitre 11 ! Il est maintenant temps de compter les icônes et de reporter le résultat en page 128 pour l'évaluation finale.

12

L'impératif – Les expressions de politesse

vocabulaire : ville

L'impératif

verbes en **-are**		verbes en **-ere**		verbes en **-ire**			
parlare		**credere**		**finire**		**partire**	
forme affirmative	forme négative	forme affirmative	forme négative	forme affirmative	forme négative	forme affirmative	forme négative
parl**a**	non parlare	credi	non credere	fin**isci**	non finire	parti	non partire
parl**iamo**	non parl**iamo**	cred**iamo**	non cred**iamo**	fin**iamo**	non fin**iamo**	part**iamo**	non part**iamo**
parl**ate**	non parl**ate**	cred**ete**	non cred**ete**	fin**ite**	non fin**ite**	part**ite**	non part**ite**

Comme vous le voyez dans le tableau, l'impératif négatif de la deuxième personne du singulier est formé de l'infinitif précédé de **non** : **non parlare,** *ne parle pas.*

Les verbes irréguliers construisent leur impératif sur le radical du présent de l'indicatif. Par exemple l'impératif de **bere** est : **bevi, beviamo, bevete**.

Banque de mots

attenzione, *attention*
centro storico, *vieille ville (centre-ville ancien)*
divieto di sosta, *stationnement interdit*
fino a, *jusqu'à*
girare, *tourner*
incrocio, *carrefour*
fila, *file*
mappa (f.), *plan*
pagamento, *paiement*
parcheggiare, *garer*
parcometro, *parcmètre*
problema, *problème*
rallentare, *ralentir*
rotatoria (f.), *rond-point*
strada, *route*
strisce pedonali (f. pl.), *passage piéton*
targa, *plaque (d'immatriculation)*
vicolo (m.), *ruelle*
zona pedonale, *zone piétonne*
vietare, *interdire*

1 Complétez par le verbe entre parenthèses conjugué à l'impératif et à la personne indiquée, comme dans l'exemple.

Exemple : **Andate (andare/voi)** dritto fino alla rotatoria!

a. .... **(guardare/voi)** il semaforo, è rosso!

b. Attenzione, non .... **(attraversare/tu)** la strada!

c. .... **(girare/tu)** a destra all'incrocio!

d. Non .... **(guidare/voi)** l'auto quando siete stanchi!

e. Non .... **(partire/noi)** proprio ora!

f. .... **(passare/tu)**, c'è verde!

g. .... **(chiedere/noi)** al vigile dov'è la via!

h. .... **(rallentare/tu)**, ci sono le strisce pedonali!

2 Traduisez.

a. Ne viens pas ! ....

b. Parlez ! ....

c. Allons ! ....

d. Tourne à droite ! ....

e. Ne gare pas ta voiture ici ! ....

f. Ralentissez ! ....

g. Ne parlons pas ! ....

h. Regarde le carrefour ! ....

Impératifs monosyllabiques

La deuxième personne du singulier de l'impératif des verbes suivants est monosyllabique et prend une apostrophe.

andare → va' / fare → fa' / dire → di' / dare → da' / stare → sta'

3 Complétez par l'impératif monosyllabique du verbe entre parenthèses, comme dans l'exemple.

Exemple : **Va'** (andare/tu) dritto fino al semaforo e poi gira a destra!

a. .... (fare/tu) presto!

b. .... (andare/tu) a casa e .... (stare/tu) attento al traffico!

c. .... (dare/tu) a tuo marito le chiavi!

d. ....(dire/tu) alla tua amica che non puoi uscire.

e. .... (stare/tu) tranquilla!

L'impératif avec les pronoms personnels compléments

- À la forme affirmative, les pronoms personnels compléments (directs et indirects) s'accrochent à la fin de l'impératif et forment un seul mot avec lui, et la place de l'accent tonique ne change pas. Dans les exemples suivants, la lettre où tombe l'accent tonique est soulignée : **parlami,** *parle-moi* ; **accompagnaci**, *accompagne-nous.*
- À la forme négative, ces pronoms peuvent suivre cette règle ou rester avant le verbe. Exemples : **non parlarne** ou **non ne parlare,** *n'en parle pas* ; **non guardatelo** ou **non lo guardate,** *ne le regardez pas.*
- Quand le pronom personnel complément s'accroche à la fin d'un impératif monosyllabique, il redouble sa première consonne (et l'apostrophe disparaît).

Exemples : **fallo,** *fais-le* ; **fanne,** *fais-en.*

Cela est valable également pour la particule pronominale **ci** (= *y*) : **vacci,** *vas-y.*

En revanche, **gli** reste inchangé : **digli,** *dis-lui.*

Banque de mots

accomodarsi, *s'asseoir*
allacciare, *attacher (une ceinture)*
appuntamento, *rendez-vous*
banca, *banque*
biglietto, *billet* et *ticket*
caffetteria, *cafétéria*
dare una mano (a qualcuno), *donner un coup de main (à quelqu'un)*
levare, *enlever, ôter*
patente (f.), *permis de conduire*
periferia, *banlieue*
poliziotto, *policier*
sedersi, *s'asseoir*
sicurezza, *sécurité*
vicino, *voisin*

4 Complétez par l'impératif du verbe entre parenthèses fusionné avec les pronoms compléments indiqués, comme dans l'exemple.

Exemple : È un grosso problema, ma non **parliamone** (parlare/noi/del problema) adesso!

a. .... (accompagnare/tu/me) a casa stasera!

b. .... (portare/noi/a lei) un regalo!

c. .... (dire/voi/a lui) qual è la strada più corta per arrivare in centro.

d. Ecco la vigilessa, ... (chiedere/noi/a lei) dov'è la via.

e. Non .... (ascoltare/tu/loro)!

f. Prendi l'ombrello e .... (portare/tu/l'ombrello) con te!

g. Ecco le chiavi, non .... (perdere/voi/le chiavi)!

5 **Complétez par un impératif monosyllabique associé à un pronom, choisi dans la liste ci-dessous.**

a. **vacci** b. **fanne** c. **fagli** d. **fallo** e. **dammi** f. **danne** g. **dalla** h. **dillo** i. **dicci** j. **stacci**

1. Fa' un giro al parco ma .... ora!
2. Hai comprato del pane! .... un po' anche a loro!
3. Finalmente ti vediamo, ... come stai!
4. Qual è il problema? .... anche a me per favore.
5. Hai fatto i biglietti? .... altri due per favore!
6. Presto, ... una mano!
7. Fa' visitare la città a tuo cugino e .... vedere il centro storico!
8. Hai la mappa della città? .... a me!
9. Hai detto che stavi in casa, ... ora!
10. Volevi andare al cinema stasera, allora .... !

L'impératif des formes réfléchies et pronominales

Les pronoms personnels s'accrochent à la fin du verbe à l'impératif des verbes réfléchis et pronominaux également.

Exemples : **vestiti,** *habille-toi* ; **mettetevi le scarpe,** *mettez vos chaussures.*

6 **Complétez par l'impératif du verbe réfléchi conjugué à la personne indiquée entre parenthèses, comme dans l'exemple.**

A. È tardi! Presto, (alzarsi/tu) **alzati,**

1. (lavarsi/tu) ....
2. (pettinarsi/tu) ....
3. (mettersi/tu) .... un abito elegante e corri all'appuntamento!
4. (allacciarsi/tu) .... le scarpe!

B. Buongiorno signori, per favore

5. (mettersi/voi) .... in fila per fare il biglietto. Poi
6. (togliersi/voi) .... i cappotti e
7. (sedersi/voi) .... a vedere il video della mostra.

Les pronoms personnels compléments et l'infinitif

Comme avec l'impératif, les pronoms personnels compléments et ceux des formes réfléchies et pronominales s'accrochent à la fin de l'infinitif et forment un seul mot avec lui ; l'infinitif perd ainsi le **-e** final :

Sono contento di vederti → *Je suis content de te voir.*
Voglio parlargli → *Je veux lui parler.* **Devo vestirmi** → *Je dois m'habiller.*
Dovete lavarvi i denti → *Vous devez vous laver les dents.*

7 Complétez par les verbes à l'infinitif associés au pronom personnel complément indiqué entre parenthèses, comme dans l'exemple.

Exemple : I vostri genitori vi hanno dato dei consigli, dovete (ascoltare/loro) **ascoltarli**!

a. Devi (allacciare/a te) .... la cintura di sicurezza quando guidi.

b. Sono venuto a (dare/a voi)................ una notizia.

c. Voglio (portarle/lei) .... al centro commerciale.

d. Saremo contenti di (accompagnare/lui) .... a casa.

e. Vogliamo (mostrare/a voi) .... la periferia della città.

f. Devo (preparare/me) .... per uscire.

g. Mi ha detto di (parlare/a te) ....

h. Il poliziotto chiede di (fare/a lui) .... vedere la patente.

i. Può (dare/a me) .... un biglietto dell'autobus per favore?

8 Complétez par la forme verbale opportune, en choisissant parmi celles de la liste ci-dessous.

a. entraci **b.** dammi **c.** ascoltami **d.** fa' **e.** va' **f.** mettiti **g.** accompagnala **h.** cambiarmi **i.** dimmi **j.** darmi

Sara : Marco, **1.** .... ! Devo andare in farmacia. Per favore, **2.** .... dov'è.

Marco : **3.** .... dritto per il corso principale, arrivi nella piazza e lì trovi la farmacia. **4.** .... dalla porta laterale nel vicolo a sinistra.

Sara : Va bene. **5.** .... le chiavi della bicicletta!

Marco : Ecco. **6.** .... i guanti e la sciarpa, fa freddo. Puoi **7.** .... la tua macchina allora?

Sara : Sì. Marta deve andare alla stazione, **8.** .... tu!

Marco : Certo. Vado a **9.** .... e parto!

Sara : **10.** .... attenzione al traffico!

L'impératif de la forme de politesse

verbes en **-are**		verbes en **-ere**		verbes en **-ire**			
parlare		**credere**		**finire**		**partire**	
forme affirmative	forme négative	forme affirmative	forme négative	forme affirmative	forme négative	forme affirmative	forme négative
parl**i**	non parl**i**	cred**a**	non cred**a**	fin**isca**	non fin**isca**	part**a**	non part**a**

L'impératif de la forme de politesse (suite)

Puisque morphologiquement il s'agit en réalité d'un subjonctif (**parli** correspondrait donc à quelque chose comme *que votre seigneurie parle…*), l'impératif de la forme de politesse ne suit pas les règles que nous venons de voir pour les pronoms personnels compléments, qui restent devant le verbe :

Gli parli → Parlez-lui. **Non ci vada** → *N'y allez pas.* **Ci dica tutto** → *Dites-nous tout.*
Mi dia un documento d'identità → *Donnez-moi un papier d'identité.*

L'impératif de la forme de politesse ne suit pas non plus les règles précédentes concernant les formes réfléchies et pronominales :

Si vesta → *Habillez-vous.*

9 Complétez le dialogue suivant par l'impératif conjugué à la forme de politesse, associé au pronom personnel indiqué, comme dans l'exemple.

Exemples : Buongiorno signora, (dare a me) **mi dia** i documenti per favore.
Buongiorno, signora, prenda i suoi documenti e (dare i documenti) **li dia** al mio collega.

In strada.

– Buongiorno signor vigile.

– Buongiorno. **1.** (Dire a me) ....!

– Dov'è una banca qui vicino?

– Giri subito a sinistra, lì c'è una banca. **2.** (Andarci) .... a piedi perché è zona pedonale.

– Grazie. Dove posso mettere la macchina?

– Non **3.** (parcheggiare la macchina) .... qui, è vietato. **4.** (Mettere la macchina) .... nel parcheggio a pagamento. Inserisca il numero della targa, faccia il biglietto e quando torna **5.** (dare il biglietto) .... all'uscita per il pagamento.

10 Complétez le dialogue suivant par l'impératif conjugué à la forme de politesse, associé au pronom personnel ou réfléchi indiqué, comme dans l'exemple.

Exemple : Buonasera signor Martini, (togliersi) **si tolga** la giacca e (dare la giacca) **la dia** a me.

Alla caffetteria.

– Signora, **1.** (accomodarsi) ...., **2.** (levarsi) .... il cappotto e **3.** (dare il cappotto) .... a me. Ecco, **4.** (sedersi) .... qui.

– Grazie. **5.** (Portare a me) .... una tazza di cioccolata calda, per favore.

– Certo. **6.** (Prendere la cioccolata) .... con la panna, è ottima!

– Perfetto!

Formules de politesse

Voici quelques formules de politesse très utilisées dans la vie courante ; remarquez qu'au vouvoiement, le pronom réfléchi est celui de la troisième personne du singulier et que le pronom personnel est toujours au féminin.

Tutoiement	Vouvoiement
Scusa! *Excuse-moi !*	**Scusi!** *Excusez-moi !*
Accomodati! *Je t'en prie !*	**Si accomodi!** *Je vous en prie !* (non pas dans le sens de « de rien », mais dans le sens de « installez-vous, asseyez-vous… »)
Come stai? *Comment vas-tu ?*	**Come sta?** Comment allez-vous ?
Come ti chiami? *Comment t'appelles-tu ?*	**Come si chiama?** *Comment vous appelez-vous ?*
Di dove sei? *D'où es-tu ?*	**Di dov'è Lei?** *D'où êtes-vous ?*
Ti ringrazio. *Je te remercie.*	**La ringrazio.** *Je vous remercie.*
Arrivederci! *Au revoir !*	**Arrivederla!** *Au revoir !*

11 Dans le dialogue suivant, passez du tutoiement au vouvoiement.

Incontro tra amici

Teo : Ciao, come stai?
Elia : Bene, grazie! Lei è la mia ragazza.
Teo : Ciao, come ti chiami?
Ida : Ciao, sono Ida.
Teo : Piacere. Di dove sei?
Ida : Sono di Viterbo.
Elia : Andiamo a bere qualcosa al bar, offro io.
Teo : Ti ringrazio, volentieri.
Ida : Con piacere!
Elia (a Ida) : Accomodati, c'è un tavolo libero qui.

Più tardi…

Teo : Scusaci, ma ora dobbiamo andare. Arrivederci!

Incontro tra conoscenti

1. Buongiorno, come sta?
   – Bene, grazie! Lei è la mia ragazza.
2. .... ?
   – Buongiorno, sono Ida.
   – Piacere.
3. .... ?
   – Sono di Viterbo.
   – Andiamo a bere qualcosa al bar, offro io.
4. .... , volentieri.
   – Con piacere!
5. .... c'è un tavolo libero qui.
6. .... , ma ora dobbiamo andare. Arrivederci!

Bravo, vous êtes venu(e) à bout du chapitre 12 ! Il est maintenant temps de compter les icônes et de reporter le résultat en page 128 pour l'évaluation finale.

13

Imparfait et plus-que-parfait – Pronoms personnels compléments

vocabulaire : paysages, vacances

L'imparfait de l'indicatif

verbes en **-are** **parlare**	Verbes en **-ere** **credere**	verbes en **-ire** **finire**
parl**avo** parl**avi** parl**ava** parl**avamo** parl**avate** parl**avano**	cred**evo** cred**evi** cred**eva** cred**evamo** cred**evate** cred**evano**	fin**ivo** fin**ivi** fin**iva** fin**ivamo** fin**ivate** fin**ivano**

La voyelle soulignée est celle où tombe l'accent tonique.

À la différence du présent de l'indicatif et de l'impératif, à l'imparfait il n'y a pas deux formes distinctes pour le troisième groupe en **-ire** : **partire** a donc les mêmes désinences que **finire**.

Banque de mots
bosco, *bois*
fungo, *champignon*
guida (f.), *guide*
insieme, *ensemble*
museo, *musée*
percorso, *parcours*
proporre, *proposer*
raccogliere, *ramasser* et *cueillir*
rifugio, *refuge*
scorso, *dernier, passé*
seguire, *suivre*
spiaggia, *plage*
tramonto, *coucher de soleil*
vacanza (sing.), *vacances*
vendere, *vendre*
viaggiare, *voyager*

1 Associez trois phrases à chaque lieu, puis complétez en conjuguant à l'imparfait le verbe entre parenthèses à la personne indiquée à côté du lieu correspondant.

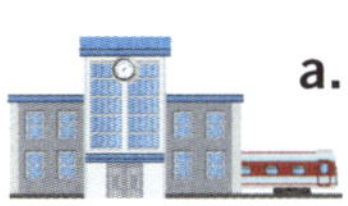

a. In città (io)

b. Al mare (lui)

c. In montagna (noi)

1. .... (nuotare).
2. .... (visitare) i musei.
3. .... (passeggiare) nel centro storico.
4. .... (prendere) il sole.
5. .... (mangiare) al rifugio.
6. .... (camminare) nei boschi.
7. .... (guardare) il tramonto in spiaggia.
8. .... (fare) shopping.
9. .... (raccogliere) i funghi.

2 Complétez en conjuguant le verbe entre parenthèses à l'imparfait.

a. Tu .... (guardare)
b. Loro .... (viaggiare)
c. Noi .... (partire)
d. Io .... (guidare)
e. Lei .... (vendere)
f. Lui .... (camminare)
g. Voi .... (credere)
h. Io .... (capire)

L'imparfait des verbes irréguliers

L'imparfait de l'indicatif est très « normatif » : même les verbes irréguliers sont en général réguliers à l'imparfait, qui est construit sur le radical de l'infinitif. Par exemple, l'imparfait de **potere** est **potevo, potevi,** etc. ; l'imparfait de **salire** est **salivo, salivi,** etc.

Il existe tout de même des verbes ayant un imparfait irrégulier, mais avec un radical qui reste inchangé à toutes les personnes, et des désinences régulières :

fare	**dire**	**bere**	**proporre**
facevo	dicevo	bevevo	proponevo
facevi	dicevi	bevevi	proponevi
faceva	diceva	beveva	proponeva
facevamo	dicevamo	bevevamo	proponevamo
facevate	divevate	bevevate	proponevate
facevano	dicevano	bevevano	proponevano

3 Complétez à l'imparfait.

a. Io e i miei fratelli, da piccoli, ... (fare) tutto insieme.
b. Io e mio marito .... (andare) sempre in vacanza al mare.
c. L'anno scorso tu e i tuoi amici .... (venire) spesso a casa nostra.
d. L'inverno scorso .... (io/uscire) tutte le sere.
e. Tempo fa mi .... (tu/dire) che .... (tu/preferire) le vacanze in montagna.
f. Alice l'estate scorsa in vacanza .... (leggere) tutti i giorni.
g. La guida durante il percorso ci .... (dire) di ascoltare con attenzione.
h. Noi .... (seguire) sempre la guida nei percorsi in alta montagna.

L'imparfait de *essere* et *avere*

ero
eri
era
eravamo
eravate
erano

À l'imparfait les expressions **c'è** et **ci sono** (→ *il y a*) deviennent **c'era** et **c'erano** (→ *il y avait*).

Le verbe **avere**, lui, est régulier à l'imparfait de l'indicatif et suit donc la conjugaison des verbes en **-ere** : **avevo, avevi,** etc.

Banque de mots

comune, *commun*
estero, *étranger*
ferie (f.), *congés payés*
giro, *tour*
gita, *excursion*
impegno (m.), *occupation*
interesse, *intérêt*
luglio, *juillet*
Natale, *Noël*
nessuno, *personne*
neve, *neige*
particolare, *particulier*
ritardo, *retard*
riva (f.), *rivage*
scoppiare, *éclater*
stella, *étoile*
temporale, *orage*
turistico, *touristique*
valigia, *valise*

4 Complétez avec le verbe essere à l'imparfait.

a. In luglio e la mia famiglia .... in vacanza.

b. Mentre io lavoravo, tu .... in riva al mare!

c. Per Natale tu e Sofia .... sulla neve.

d. Quel giorno i miei amici .... sul lago.

e. In questa foto Elsa .... in un bellissimo bosco di montagna.

f. Quando hai telefonato (io) .... in giardino.

g. In viaggio con noi c'.................... anche mia figlia.

h. La settimana scorsa il mio collega .... in ferie.

i. Al mare c'.................... dei bellissimi tramonti.

5 Complétez avec essere ou avere à l'imparfait.

a. Io e mia sorella quando .... bambine .... gli stessi amici.

b. Quando Luca .... la fidanzata in un'altra città, ... spesso in viaggio.

c. A scuola voi due .... molto amici e .... molti interessi in comune.

d. L'anno scorso mio marito .... impegni di lavoro all'estero ed .... sempre lontano.

Le plus-que-parfait de l'indicatif *(il trapassato prossimo)*

Il est formé avec l'imparfait de l'auxiliaire (**essere** ou **avere**) + le participe passé du verbe.

Par exemple, le plus-que-parfait de **aprire** est :

avevo aperto, *j'avais ouvert*

avevi aperto

aveva aperto

avevamo aperto

avevate aperto

avevano aperto

Le plus-que-parfait de **venire** est :

ero venuto ou **ero venuta,** *j'étais venu* ou *j'étais venue*

eri venuto/a

era venuto/a

eravamo venuti ou **eravamo venute** (au féminin)

eravate venuti/e

erano venuti/e

Comme au passé composé, le participe passé s'accorde avec le sujet quand l'auxiliaire est **essere**.

Essere est son propre auxiliaire : **ero stato, eri stato,** etc. Exemple : **Mia sorella era stata contenta di quella vacanza** = *Ma sœur avait été contente de ces vacances.*

Au plus-que-parfait de l'indicatif, les expressions **c'è** et **ci sono** deviennent **c'era stato** et **c'erano stati** (= *il y avait eu*).

6 Complétez avec le plus-que-parfait.

a. (Io) .... (preparare) le valigie, ma alla fine non siamo partiti.

b. Giovanni ci .... (dire) che strada fare, ma ci siamo persi.

c. I nostri parenti .... (decidere) di visitare la città ma è scoppiato un temporale.

d. Quando siamo arrivati .... (voi/finire) da poco il giro turistico.

e. (Io) .... (uscire) da poco quando è uscito il sole.

f. L'altra volta .... (tu/mangiare) bene in quel ristorante.

g. Ricordo che la guida ci .... (accompagnare) in albergo a mezzogiorno.

h. Quella volta tu e Nicola .... (arrivare) in ritardo all'appuntamento.

i. Io .... (capire) un'altra cosa!

7 Complétez par c'era - c'erano - c'era stato - c'erano stati comme dans l'exemple.

Exemple : Ieri al mare **c'erano** anche i miei amici.

a. .... il sole stamattina in spiaggia?

b. L'altra volta non eravamo andati in gita perché .... brutto tempo.

c. In quell'hotel .... molti turisti prima di noi.

d. Ieri in montagna .... tanta gente sui sentieri.

e. Ieri sera .... le stelle.

Pronoms personnels compléments : formes fortes

Aux chapitres 7 et 9 nous avons vu les formes dites « faibles » des pronoms personnels compléments, ayant une nuance «neutre» : **ti vedo** → *je te vois* ; **ti parlo** → *je te parle.* Quand on veut attacher une importance particulière au pronom, on utilise la forme dite «forte», toujours placée après le verbe : **vedo te** → *c'est toi que je vois* ; **parlo a te** → *c'est à toi que je parle.*

Voici les formes fortes des pronoms personnels compléments (mêmes formes pour COD et autres compléments) :

me / te / lui, lei
noi / voi / loro

Dans les compléments autres que le COD, ils sont toujours précédés d'une préposition : **vengo con voi** → *je viens avec vous* ; **l'ho fatto per te** → *je l'ai fait pour toi.*

Ils sont souvent utilisés dans des oppositions : **parlo per te, non per lui** → *c'est pour toi que je parle, pas pour lui.*

Banque de mots

ancora, *ancre*
ancora, *encore*
capitano, *capitaine*
capitare, *arriver* (pour un fait) et *tomber à propos, passer par là* (pour une personne)
informazione, *renseignement*
itinerario, *itinéraire*
seguito (m.), *suite*

8 Complétez avec les formes fortes des pronoms personnels comme dans l'exemple.

Exemple : **Segui me** (tu/seguire/me) quando non sai la strada, non lui.

a. Ehi! .... (io/parlare/a te)!

b. Lui .... (vedere/lei) e nessun'altra!

c. Oggi la guida .... (accompagnare/voi) e non altri turisti.

d. Per imparare .... (voi/guardare/lui) e non gli altri!

e. Marco, ... (dare/a me) le chiavi, che tu le perdi!

f. Lucia, ... (ascoltare/me), non ascoltare lui!

g. Sara io .... (capire/te) ma tu non (capire/me) ....!

9 Traduisez.

a. C'est à moi que c'est arrivé, pas à toi ! ....

b. Je le fais pour vous, pas pour moi ! ....

c. Parle avec nous, pas avec eux ! ....

d. Ne me le dis pas à moi, dis-le à elle ! ....

Phonétique : attention à l'accent tonique

L'accent tonique, qui n'est jamais marqué dans l'orthographe des mots, est très important, puisque la signification d'un mot peut changer selon la syllabe accentuée :

ancora, *ancre* ; **ancora,** *encore.*

En outre, dans certaines formes verbales, la place de l'accent tonique est déterminante, puisque nous avons vu que quand les pronoms personnels compléments s'attachent par exemple à la fin de l'impératif, la place de l'accent tonique du verbe reste inchangée (chapitre 12). Par exemple :

pettinati (participe passé du verbe **pettinare** au masculin pluriel), *coiffés* ; **pettinati** (deuxième personne du singulier de l'impératif + pronom réfléchi attaché au verbe), *coiffe-toi.*

10 Insérez les mots colorés à la place des pointillés et soulignez la syllabe qui porte l'accent tonique.

a. .... che usciamo! – Ma i miei capelli sono già .... PETTINATI

b. Per la gita mettete delle magliette .... e iniziate a .... le informazioni sull'itinerario. LEGGERE

c. Il marinaio ha gettato .... l' .... ANCORA

d. Il .... ha detto: "Sono cose che ....!" CAPITANO

e. I nostri turisti sono .... a fare lunghi percorsi a piedi. .... anche tu! ABITUATI

f. Ti ho .... tre volte di ...., adesso basta! SEGUITO

g. .... qui per caso, ma ho .... tutto. CAPITO

Bravo, vous êtes venu(e) à bout du chapitre 13 ! Il est maintenant temps de compter les icônes et de reporter le résultat en page 128 pour l'évaluation finale.

14

Les pronoms personnels groupés

vocabulaire : travail, outils

Les pronoms personnels groupés

Les formes faibles compléments indirects précèdent les formes faibles compléments directs et la construction se fait selon le tableau suivant :

<table>
<tr><td>mi +</td><td rowspan="6">lo,
la,
li,
le,
ne
(en)</td><td>→ me lo, me la, me li, me le, me ne
Exemples :
Me lo dice → Il me le dit.
Me ne parlate → Vous m'en parlez.</td></tr>
<tr><td>ti +</td><td>→ te lo, te la, te li, te le, te ne
Exemples :
Te le compriamo → Nous te les achetons.
Te li ho proposti → Je te les ai proposés.</td></tr>
<tr><td>gli, le +</td><td>→ glielo, gliela, glieli, gliele, gliene
Exemples :
Glieli raccontano → Ils les lui racontent.
Gliene do due → Je lui en donne deux.</td></tr>
<tr><td>ci +</td><td>→ ce lo, ce la, ce li, ce le, ce ne
Exemples :
Ce la leggi → Tu nous la lis.
Ce li vendono → Ils nous les vendent.</td></tr>
<tr><td>vi +</td><td>→ ve lo, ve la, ve li, ve le, ve ne
Exemples :
Ve le preparano → Ils vous les préparent.
Ve ne prendono → Ils vous en prennent.</td></tr>
<tr><td>gli
(pluriel) +</td><td>→ glielo, gliela, glieli, gliele, gliene
Exemples :
Glieli raccontano → Ils les leur racontent.
Gliene do due → Je leur en donne deux.</td></tr>
</table>

Remarques :

- Les formes **glielo, gliela,** etc. sont en un seul mot ; dans les autres, les deux pronoms restent séparés.
- Les composés avec le pronom indirect de la troisième personne du singulier et du pluriel (**glielo,** etc.) ont une seule forme pour le masculin et le féminin. **Gliene parlo** signifie donc *je lui en parle* (à lui ou à elle) et *je leur en parle* (à eux ou à elles).

Banque de mots

architetto, *architecte*
arredamento, *ameublement*
cacciavite, *tournevis*
chiodo, *clou*
esterno, *extérieur*
impianto, *circuit*
idea, *idée*
luce, *lumière*
montare, *monter (installer)*
prenotare, *réserver*
rivista, *revue*
segreto, *secret*
storia, *histoire*
tassista, *chauffeur de taxi*
zucchina, *courgette*

1 Observez la phrase suivante, puis formez des pronoms personnels groupés comme dans l'exemple.

Era un segreto, ma Marta .... ha detto.

Exemple : (a me) → me lo

a. (a te) ....

b. (a lui/lei) ....

c. (a noi) ....

d. (a voi) ....

e. (a loro) ....

2 Faites de même avec la phrase suivante.

Le patatine fritte sono finite, ma adesso .... preparano delle altre.

Exemple : (a me) → me ne

a. (a te) ....

b. (a lui/lei) ....

c. (a noi) ....

d. (a voi) ....

e. (a loro) ....

3 Complétez les phrases au passé composé et en utilisant les pronoms personnels corrects, comme dans l'exemple (attention à l'accord du participe passé avec le COD !).

Exemple : I bambini volevano ascoltare la storia e i nonni (leggere/a loro) **gliel'**hanno lett**a**.

a. L'architetto ha molte idee per la casa, (lui/proporre/a noi) .... due in particolare.

b. Ho telefonato in hotel e c'era solo una camera libera, quindi (io/prenotare/a voi) ....

c. A Marco servono i panini per il lavoro, (io/preparare/a lui) .... un po'.

d. Il fruttivendolo aveva delle bellissime zucchine e (vendere/a loro) ....tutte.

e. È arrivato l'elettricista per l'impianto di luci esterne, Lara (parlare/a te/di questo) ....?

Le pronom *ci*

Bien que n'étant pas un pronom personnel, la particule pronominale **ci** (correspondant au *y* français) est souvent associée aux pronoms personnels.

- Elle suit les compléments indirects :
  Ti ci accompagnamo → *Nous t'y accompagnons.*
- Elle précède les compléments directs, en devenant **ce** :
  Ce li abbiamo messi → *Nous les y avons mis.*
- **Ci** devient **ce** également quand le pronom partitif **ne** se trouve devant le verbe dans les expressions **c'è** et **ci sono** (→ *il y a*) :
  Ce ne sono due → *Il y en a deux.* **Ce n'era uno solo** → *Il y en avait un seul.*

4 Complétez par ci ou ce.

a. Devi andare alla stazione? Faccio il tassista, se vuoi ti .... porto io.

b. Sono finite le riviste d'arredamento? – No .... ne sono ancora.

c. Vado a piedi in ufficio o mi .... accompagnate voi?

d. Ci sono ancora chiodi? No, non .... ne sono più.

e. Ci sono i cacciaviti per montare l'armadio? – Sì, ... ne sono due.

L'impératif avec les pronoms personnels groupés

Les pronoms personnels groupés s'accrochent à la fin de l'impératif en formant un seul mot avec lui ; dans ce cas, même les formes où les deux pronoms sont séparés fusionnent. L'accent tonique de la forme verbale reste sur la syllabe où il se trouvait avant la fusion.

Exemples : **Portate questo a vostra sorella**, *Apportez ceci à votre sœur* → **portateglielo**, apportez-le-lui.

Mettiamo questo qui, *Mettons ceci ici* → **mettiamocelo,** *mettons-le ici.*

Racconta questo fatto a noi, *Raconte ce fait à nous* → **raccontacelo,** *raconte-nous-le.*

Comme nous l'avons vu au chapitre 12, l'impératif à la forme de politesse ne suit pas les règles ci-dessus :

Signore, ci racconti questo fatto, *Monsieur, racontez-nous ce fait* → **Signore, ce lo racconti,** *Monsieur, racontez-nous-le.*

Avec les impératifs monosyllabiques, la première consonne du pronom groupé est redoublée, sauf le **g-** de **glielo, gliela,** etc. : **diccelo,** *dis-le-nous* ; **fammelo,** *fais-le-moi* ; **daglieli,** *donne-les-lui.*

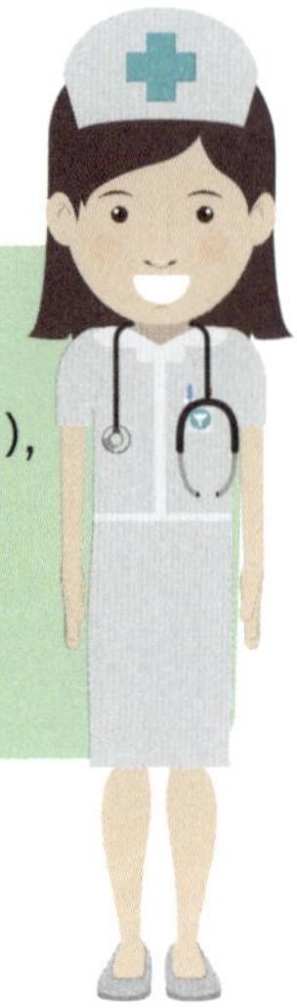

Banque de mots

aprire, *ouvrir*
bisturi, *bistouri*
cassetto, *tiroir*
fotocopia, *photocopie*
gesso (m.), *craie* et *plâtre*
idraulico, *plombier*
libreria, *librairie*
maestro, *maître*
martello, *marteau*
negozio, *magasin*
novità, *nouveauté*
operaio, *ouvrier*
pausa pranzo, *pause déjeuner*
raccontare, *raconter*
siringa, *seringue*
trapano (m.), *perceuse*
vite, *vis*

5 Complétez avec l'impératif associé aux pronoms personnels groupés, comme dans l'exemple.

Exemple : All'elettricista servono le lampadine, **dagliele** (dare) tu!

a. All'idraulico serve il cacciavite, ... (portare) tu!

b. Alla maestra servono i gessi, ... (dare) voi!

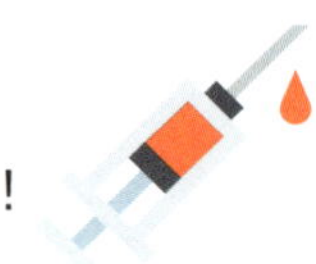

c. Agli infermieri servono le siringhe, ... (preparare) noi!

d. Al medico serve il bisturi, ... (passare) voi!

e. All'impiegato serve una fotocopia del documento, ... (fare) tu per favore.

f. Il professore non sa il tuo nome, ... (dire)!

6 Complétez les dialogues par l'impératif associé aux pronoms personnels groupés, comme dans l'exemple.

Exemple : Metto il portafoglio nella tua borsa, va bene? – Sì, **metticelo** (mettere / tu / il portafoglio / qui), grazie!

a. Posso mettere la mia borsa su questo tavolo? – Certo, ... (mettere / tu / la borsa / qui)!

b. Colleghi, vorrei raccontarvi cosa mi è capitato ieri prima di aprire l'ufficio.
– Dai, ... (tu / raccontare / a noi / quello)!

c. Scusi direttore, metto i documenti nel cassetto del suo tavolo? – Sì grazie, anzi (Lei / mettere i documenti / qui) .... sopra.

d. Vi ho dato la lista degli appuntamenti? – No dottore, ... (Lei / dare la lista / a noi).

e. Ci serve il martello per montare la libreria! Giovanni, ... (tu / dare il martello / a noi)!

7 **Complétez le dialogue par l'impératif associé aux pronoms personnels groupés comme dans la première phrase d'exemple.**

– Sto montando la libreria nuova, Annalisa, mi servono gli attrezzi, **portameli** (portare/a me)!

– Ecco: trapano, cacciavite, martello, viti e chiodi. Li lascio sul tavolo?

– No, **1.** .... (mettere gli attrezzi / qui) sotto, sul pavimento!

– Ti serve aiuto?

– Sì, mi è caduta una vite, **2.** .... (tu / dare la vite / a me) per favore!

– Ecco la vite!

– **3.** .... (tu / fare vedere la vite / a me) vedere. Non è questa. Questa è troppo grande!

– Senti Andrea, chiamiamo il negozio e **4.** .... (noi / fare montare la libreria / a noi) dai loro operai!

L'infinitif avec les pronoms personnels groupés

Avec l'infinitif aussi les pronoms groupés fusionnent et s'accrochent à la fin du verbe, qui perd son **-e** final :

devo parlartene → *je dois t'en parler* ;

vogliamo comprarglielo → *nous voulons le lui acheter.*

8 **Complétez le dialogue avec l'infinitif associé aux pronoms personnels groupés comme dans l'exemple.**

Exemple : Ciao, mi è capitata una cosa. Voglio (raccontare / questa / a te) **raccontartela**!

– Colleghi, c'è una novità, dobbiamo **1.** (parlare / di questo / a voi) ....

– Potete **2.** (raccontare / questa / a noi) .... durante la pausa pranzo. Adesso facciamo presto che dobbiamo dare il lavoro finito al direttore. Dobbiamo **3.** (dare / questo / a lui) .... a mezzogiorno.

– A dopo. Prendiamo anche un aperitivo, possiamo **4.** (offrire / questo / a voi) ....!

Les pronoms réfléchis devant un pronom complément direct

Les pronoms réfléchis changent leur **-i** final en **-e** quand ils sont suivis d'un pronom personnel complément : **Si pettina i capelli,** *Il coiffe ses cheveux* → **Se li pettina,** *Il se les coiffe*. L'impératif et l'infinitif des verbes réfléchis fusionnent avec les pronoms ainsi groupés : **Voglio pettinarmeli,** *Je veux me les coiffer* → **Pettinateveli,** *Coiffez-vous-les.*

Banque de mots

asciugare, *essuyer* et *sécher*
aspettare, *attendre*
cambiare, *changer*
cameriere, *serveur*
disordine, *désordre*
laurearsi, *obtenir une maîtrise universitaire*
rappresentante, *représentant*
soldi, *sous (argent)*

9 **Insérez dans le dialogue les infinitifs et les impératifs réfléchis avec pronoms groupés en les choisissant dans la liste ci-dessous, comme dans la phrase d'exemple (la lettre soulignée correspond à l'accent tonique).**

lavateli – compratele – cambiateli
comprarmele – asciugarmeli
farmela – lavarmeli – asciugateli
cambiarmeli

Virginia, stasera andiamo fuori a cena?
– Sì Teo, ma ho bisogno di scarpe nuove e dopo il lavoro devo andare a **comprarmele**.
– **Compratele**! Ti aspetto.
– E ho gli stessi vestiti da stamattina, devo
1. ....
– **2.** ....!
– Ho anche i capelli in disordine, voglio
3. ....
– **4.** ....!
– Poi devo **5.** ....
– **6.** ....!
– Ma i capelli hanno bisogno di piega. Devo **7.** ....!
– Virginia, cosa dici di un risotto fatto in casa?

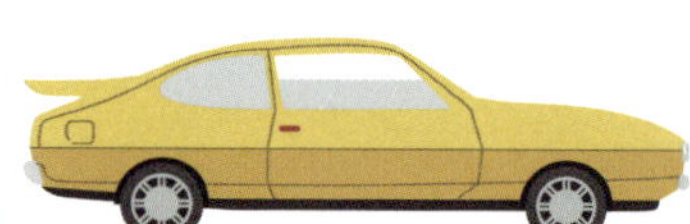

L'expression de la nécessité *(il faut)*

La troisième personne du singulier du verbe régulier **bisognare** précède le verbe à l'infinitif. Exemples : **Bisogna lavorare** → *Il faut travailler.* **Bisognava studiare molto** → *Il fallait étudier beaucoup.*

Ci vuole (particule pronominale **ci** + troisième personne du singulier ou du pluriel du verbe **volere**) précède un nom (si le nom est au pluriel, le verbe l'est aussi).
Exemples : **Ci vuole una macchina** → *Il faut une voiture.* **Per fare quel lavoro, ci volevano tre persone** → *Pour faire ce travail, il fallait trois personnes.*

Si **ci** est suivi de **ne**, il devient **ce**. Exemple : **Ce ne vogliono quattro** → *Il en faut quatre.*

10 Complétez ce dialogue entre étudiants en utilisant l'expression a, b ou c.

a. BISOGNA **b.** CI VOGLIONO **c.** CI VUOLE

– Per laurearsi **1.** .... studiare molto.

– E per pagare gli studi **2.** .... molti soldi e **3.** .... lavorare. Io faccio il cameriere in un bar.

– Io ho trovato un lavoro di rappresentante, ma **4.** .... la macchina.

– Nel bar dove lavoro serve personale, ai tavoli **5.** .... tre camerieri e ne manca uno.

– Allora vengo a presentarmi, per trovare un lavoro **6.** .... cercarlo!

Phonétique : attention à l'accent tonique (2)

Comme avec les pronoms simples, avec les pronoms groupés la place de l'accent tonique ne change pas quand ces pronoms s'accrochent à la fin d'un impératif ou d'un infinitif, formant avec lui un seul mot.

Exemples : **Date questo a Gianni,** *Donnez ceci à Gianni* → **dateglielo,** *donnez-le-lui.*

Voglio raccontare questa storia a te e a Maria, *Je veux raconter cette histoire à toi et à Maria* → **voglio raccontarvela,** *je veux vous la raconter.*

11 Soulignez la syllabe sur laquelle tombe l'accent tonique dans les impératifs et infinitifs suivants (en gras), comme dans l'exemple.

Exemple : Cosa hai fatto ieri? **Raccontacelo**!

a. Avete un ombrello? **Portatemelo.**

b. Gli serve una fotocopia, **fategliela.**

c. Lo zio deve andare in stazione, **accompagnacelo.**

d. Cosa c'è? **Parlamene!**

e. Lui non lo sa, **diteglielo.**

f. Noi non abbiamo le chiavi, **datecele.**

Bravo, vous êtes venu(e) à bout du chapitre 14 ! Il est maintenant temps de compter les icônes et de reporter le résultat en page 128 pour l'évaluation finale.

15

Nombres (suite)

Les nombres après 60 : les dizaines

70 settanta **80** ottanta **90** novanta **100** cento

Comme nous avons vu au chapitre 6, on ajoute l'unité à la dizaine en formant un seul mot : 87 → **ottantasette.**

Si l'unité est **uno** ou **otto**, la dizaine perd la voyelle finale : 91 → **novantuno**, 78 → **settantotto**.

Cette règle n'est pas valable avec les centaines : 101 → **centouno,** 208 → **duecentootto.**

Les nombres se terminant par **tre** prennent un accent : 93 → **novantatré.**

Les centaines

Pour les multiples de 100, l'unité précède **cento** en formant un seul mot :
200 → **duecento** ; 500 → **cinquecento,** etc.
Ensuite, dizaine et unité suivent en un seul mot également :
476 → **quattrocentosettantasei** ; 712 → **settecentododici.**

Milliers, millions et milliards

1 000 → **mille** / 1 964 → **millenovecentosessantaquattro**
En revanche, les multiples de 1 000 se forment avec **-mila** :
4 000 → **quattromila** / 30 547 → **trentamilacinquecentoquarantasette**
124 888 → **centoventiquattromilaottocentoottantotto**

1 000 000 → **un milione**
Dans les multiples, on utilise le pluriel et les mots ne fusionnent pas :
12 000 000 → **dodici milioni**
En revanche, la suite reste en un seul mot :
122 780 240 → **centoventidue milioni settecentoottantamiladuecentoquaranta.**

Même système pour les milliards :
4 822 678 000 → **quattro miliardi ottocentoventidue milioni seicentosettantottomila**

1 Écrivez en toutes lettres les numéros des portes.

a. 63 ....

f. 33 ....

b. 91 ....

g. 99 ....

c. 45 ....

h. 59 ....

d. 87 ....

i. 76 ....

e. 28 ....

j. 93 ....

2 Écrivez en toutes lettres les nombres ci-dessous.

a. 387 ....

f. 873 ....

b. 721 ....

g. 258 ....

c. 453 ....

h. 395 ....

d. 946 ....

i. 543 ....

e. 169 ....

j. 634 ....

3 Écrivez en toutes lettres les nombres suivants.

a. 9 316 ....

b. 2 000 ....

c. 14 874 ....

d. 4 720 ....

e. 21 293 ....

f. 150 000 ....

g. 3 825 ....

h. 259 000 ....

i. 854 231 ....

j. 1 544 ....

Les dates

– **Qual è la tua data di nascita?**
→ *Quelle est ta date de naissance ?*

– **Sono nata il dodici dicembre millenovecentosettantaquattro**
→ *Je suis née le 12 décembre 1974.*

– **In che anno ci sono state le ultime elezioni?** → *En quelle année y a-t-il eu les dernières élections ?*

– **Nel 2014** → *En 2014.*

Remarquez dans la phrase ci-dessus que l'on emploie toujours l'article contracté **nel** (**in** + **il**) avec les années.

Les prix

– **Quanto costa questa macchina?**
→ Combien coûte cette voiture ?

– **Costa venticinquemila euro**
→ Elle coûte 25 000 euros.

– **Quanto paghi di affitto per il tuo appartamento?** → Combien payes-tu de loyer pour ton appartement ?

– **Pago quattrocentotrenta euro al mese**
→ Je paye 430 euros par mois.

Banque de mots

bollettino (postale), *mandat postal*
bonifico (bancario), *virement (bancaire)*
caduta, *chute*
compilare, *remplir*
corso, *cours*
data, *date*
dato (m.), *donnée*
facoltà, *faculté*
firmare, *signer*
iscrivere, *inscrire*
nascita, *naissance*
personale, *personnel*
rata, *traite*
tassa, *impôt* et *taxe*
universitario, *universitaire*
zona, *zone*

4 Écrivez en chiffres les dates et les prix en caractères gras.

a. – Mi dica la sua data di nascita per favore.

– **Nove luglio millenovecentosessantadue**.
....

b. – Dimmi la data della caduta del muro di Berlino.

– **Dicembre millenovecentonovantuno.**
....

c. – Quanto costa al mese un appartamento in zona universitaria?

– Il mio costa **trecentoventicinque** euro al mese. ....

d. – Quanto hai pagato il tuo corso di inglese all'estero?

– **Duemilatrecentoquarantatré** euro in tutto. ....

5 Écrivez en toutes lettres les dates et les prix.

a. – Quando sei nato?

– Sono nato l' **8/5/1986.** ....
....
....

b. – Quanto paghi di tasse universitarie all'anno?

– Pago **2 350 €** all'anno. ....
....
....

c. – Qual è la data di nascita di Wolfgang Amadeus Mozart?

– Il **27/01/1756** ....
....
....

d. – Quando sei venuta a vivere in Italia?

– Nel **2005**. ....
....
....

6 Écrivez en toutes lettres les dates et les prix en gras.

– Buongiorno, dobbiamo iscriverci alla facoltà di lingue straniere.

– Bisogna compilare il modulo con i dati personali. Qual è la vostra data di nascita?

– Io sono nato il 31 marzo **1983** 1. ....

e lei il 23 giugno **1997** 2. ....

– Firmate qui e mettete la data di oggi : 10 settembre **2016.** 3. ....

Adesso dovete pagare la prima rata di tasse di **535** euro 4. ....

con il bollettino postale o con un bonifico bancario.

– Grazie, arrivederci. E domani dovremo pagare anche **229** euro 5. ....

a testa per l'appartamento!

Les adjectifs numéraux ordinaux de 1 à 10

1er : primo	**3e : terzo**	**5e : quinto**	**7e : settimo**	**9e : nono**
2e : secondo	**4e : quarto**	**6e : sesto**	**8e : ottavo**	**10e : decimo**

Les adjectifs numéraux ordinaux se comportent comme les adjectifs ayant le féminin singulier en **-a,** le masculin pluriel en **-i,** le féminin pluriel en **-e**. Exemples : **la prima volta,** *la première fois* ; **i terzi martedì del mese,** *les troisièmes mardis du mois.*

Après 10, les numéraux ordinaux se forment en ajoutant le suffixe **-esimo** au numéral cardinal. Exemples : 15e = **quindicesimo** ; 144e = **centoquarantaquattresimo.**

Les numéraux ordinaux sont utilisés également pour les fractions. Exemple : **i due terzi della popolazione,** *les deux tiers de la population.*

Retenez ces adjectifs utiles :
→ **ultimo,** *dernier* ; → **penultimo,** *avant-dernier* ; → **terzultimo,** *antépénultième.*

En remontant, on ajoutera donc **-ultimo** au nombre ordinal qui perd sa dernière voyelle : **quartultimo,** *quatrième avant le dernier,* etc.

Banque de mots

argento, *argent (le métal)*
cliente, *client*
coda, *queue (file)*
complimenti (m.), *félicitations*
esame, *examen*
gara, *compétition*
graduatoria, *liste d'aptitude* et *classement*
medaglia, *médaille*
perciò, *pour cela*
posta, *poste*
premio, *prix*
vincere, *gagner*

7 Complétez le tableau suivant en écrivant en toutes lettres les nombres ordinaux, comme dans l'exemple.

6^{e}	sesto
a. 7^{e}	....
b. 9^{e}	....
c. 12^{e}	....
d. 16^{e}	....
e. 20^{e}	....

f. 23^{e}	....
g. 34^{e}	....
h. 41^{e}	....
i. 56^{e}	....
j. 67^{e}	....

8 Complétez les phrases suivantes en formant l'adjectif ordinal indiqué entre parenthèses comme dans l'exemple.

Exemple : Elisa ha vinto la medaglia d'argento, è arrivata (2) **seconda**!

a. Ieri dal medico ero l'**(11)** .... in coda.

b. Stiamo aspettando in coda in posta, siamo i **(35)** ....

c. Nella graduatoria Sara è la **(154)** ....

d. Alla gara di nuoto Pietro è arrivato **(1)** ....!

e. All'università solo un **(5)** .... degli studenti ha superato quell'esame!

f. I tre **(4)** .... dei nostri clienti sono ritornati da noi.

g. Alice a scuola è in **(3)** .... fila.

h. Ho calcolato che solo un **(8)** .... dei miei colleghi lavora qui da più di un anno.

i. Ma non hai ancora capito? È la **(10)** .. .. volta che te lo dico!

j. Complimenti, il vostro è il **(100)** .... biglietto acquistato, perciò avete vinto un premio.

k. Io sono arrivato ultimo e Lisa prima di me, cioè ....

l. Prima del penultimo viene il ....

9 Écrivez en toutes lettres les fractions suivantes comme dans l'exemple.

Exemple : 3/5 → tre quinti

a. 6/12 ....

b. 4/6 ....

c. 7/9 ....

d. 2/10 ....

e. 4/7 ....

Verbe irrégulier

Tradurre, *traduire*
traduco
traduci
traduce
traduciamo
traducete
traducono

Participe passé : **tradotto**

Imparfait : **traducevo, traduceva,** etc. (désinences régulières sur radical **traduc-**).

D'autres verbes se conjuguent selon ce modèle : **condurre,** *conduire* / **ridurre,** *réduire* / **produrre,** *produire* / **dedurre,** *déduire,* etc.

10 Traduisez.

a. nous déduisions ....
....

b. il avait produit ....
....

c. ils conduisent ....
....

d. je réduis ....
....

e. vous traduisiez ....
....

f. tu as traduit ....
....

Bravo, vous êtes venu(e) à bout du chapitre 15 ! Il est maintenant temps de compter les icônes et de reporter le résultat en page 128 pour l'évaluation finale.

16

Exprimer le futur

vocabulaire : fêtes, traditions

Le futur simple

verbes en **-are** **parlare**	verbes en **-ere** **prendere**	verbes en **-ire** **finire**
parlerò	prenderò	finirò
parlerai	prenderai	finirai
parlerà	prenderà	finirà
parleremo	prenderemo	finiremo
parlerete	prenderete	finirete
parleranno	prenderanno	finiranno

Banque de mots

aereo, *avion*
Carnevale, *carnaval*
Capodanno, *jour de l'An*
Epifania, *jour des rois*
Ferragosto, *15 août*
finalmente, enfin
navigare, *naviguer*
negare, nier
Pasqua (f. sing.), *pâques*
Pasquetta (f. sing.), *lundi de Pâques*
parenti, *parents/ proches (gens de la famille)*
piegare, *plier*
tombola, *tombola*
tovagliolo (m.), *serviette*

1 Complétez par le verbe entre parenthèses conjugué au futur simple.

a. Per Natale io e Francesca .... (preparare) il pranzo per tutti!

b. Per Carnevale tu .... (partire) per Venezia.

c. Il giorno di Pasquetta la nostra nipotina .... (correre) sui prati.

d. Ho pensato che per Pasqua .... (visitare) Roma.

e. Dopo Natale le nostre ferie .... (finire).

f. Tu e tuo marito .... (prendere) l'aereo dopo Ferragosto.

Le futur des verbes en *-care* et en *-gare*

De la même façon qu'au présent de l'indicatif, où les verbes en **-care** et en **-gare** prennent un **h** avant les désinences commençant par **-i** pour garder les sons [k] et [g], les mêmes verbes au futur prennent un **h** devant le suffixe **-er-**. Le futur du verbe **cercare** (*chercher*) est donc **cercherò, cercherai, cercherà, cercheremo, cercherete, cercheranno** ; celui du verbe **pagare** (*payer*) **pagherò, pagherai, pagherà, pagheremo, pagherete, pagheranno.**

2 **Complétez par le verbe en -care ou en -gare entre parenthèses conjugué au futur simple.**

a. Dopo il pranzo di Natale i ragazzi .... (giocare) a tombola.
b. Io e Michele .... (navigare) per ore per arrivare in Sardegna.
c. Dopo la cena tu .... (piegare) le tovaglie e i tovaglioli.
d. Mi .... (sporcare) tantissimo per preparare la torta.
e. Loro ve lo chiederanno, ma voi .... (negare).

Le futur des principaux verbes irréguliers

Vous trouvez ci-dessous la première personne du singulier du futur des principaux irréguliers. À partir de cette racine irrégulière, les désinences sont régulières (voir le tableau en page 89).

andare – andrò
dare – darò
fare – farò
stare – starò
avere – avrò
bere – berrò
dovere – dovrò
essere – sarò
potere – potrò
proporre – proporrò
rimanere – rimarrò
sapere – saprò
tenere – terrò
vedere – vedrò
vivere – vivrò
volere – vorrò
venire – verrò

3 **Complétez par le verbe irrégulier entre parenthèses conjugué au futur simple.**

a. Per l'Epifania i miei cugini .... (venire) a cena a casa mia.
b. Ci .... (essere) anche tu in gita con noi a Pasquetta?
c. L'anno prossimo per Carnevale Anna .... (andare) a Venezia.
d. Per Natale tu e Nicola .... (vedere) finalmente i vostri parenti.
e. Durante le feste io .... (dovere) lavorare.
f. A Ferragosto io e il mio fidanzato .... (fare) una piccola vacanza al mare.
g. Per Capodanno io .... (rimanere) a casa con pochi amici.

4 Complétez la grille avec les noms des fêtes symbolisées par les illustrations à côté.

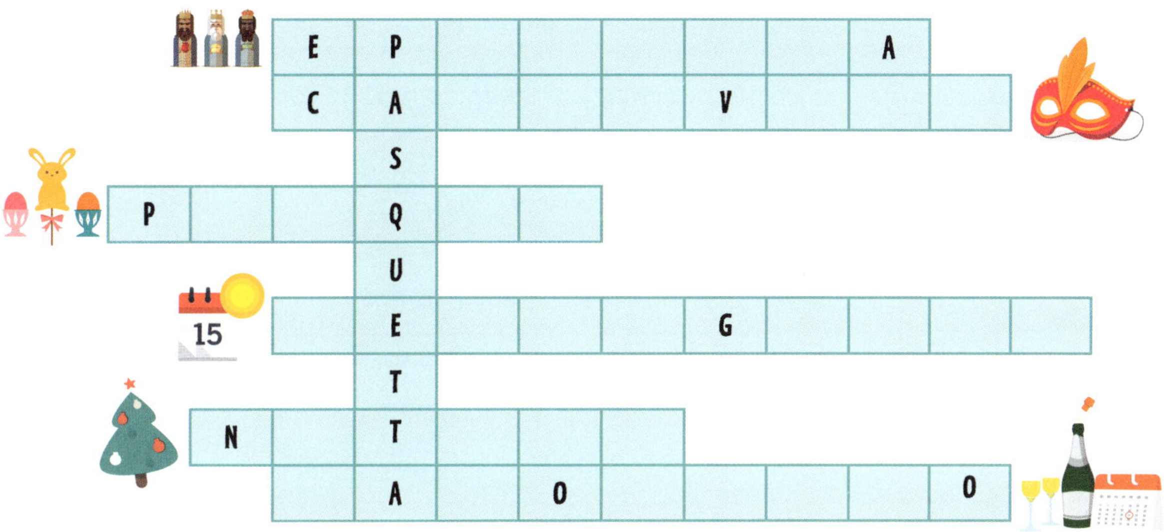

Banque de mots

aeroporto, *aéroport*
bollito, *pot-au-feu*
moglie, *femme, épouse*
panettone, *gâteau de Noël*
posto (m.), *place, endroit*
regalo, *cadeau*
tornare, *retourner, revenir*
uovo, *œuf*

5 Complétez le dialogue suivant par le verbe régulier ou irrégulier entre parenthèses conjugué au futur simple.

– Ciao Elena, tu **1.** .... (fare) un viaggio per le vacanze di Natale?

– No, **2.** .... (stare) a casa. E tu?

– Io il 24 dicembre **3.** .... (andare) a trovare i miei parenti in Sicilia e **4.** .... (restare) là fino all'Epifania. Per Capodanno i miei amici **5.** .... (cercare) un posto per fare una bella festa di fine anno. Penso che **6.** .... (essere) una bella vacanza!

6 Placez dans la bonne colonne les verbes de la liste suivante.

a. sarà **b.** vado
c. prendiamo **d.** potrete
e. vanno **f.** dovrà
g. vorranno **h.** puoi
i. saprete **j.** faccio

OGGI	DOMANI

Le futur antérieur

Comme en français, il est formé du futur de **essere** ou de **avere** et du participe passé du verbe à conjuguer : **avrai mangiato** → *tu auras mangé* ; **saremo partiti** → *nous serons partis.*

Souvenez-vous que l'auxiliaire de **essere** est **essere** lui-même : **saranno state** → *elles auront été.*

Attention, comme d'habitude, au bon choix de l'auxiliaire et à l'accord du participe passé avec le sujet quand l'auxiliaire est **essere**.

7 Complétez par le verbe entre parenthèses conjugué au futur antérieur.

a. Partirò per le ferie di Ferragosto quando .... (finire) di lavorare.

b. Mangerete il panettone dopo che .... (andare) a fare un giro.

c. Vi telefoneremo quando .... (arrivare) all'aeroporto.

d. Aprirai l'uovo di Pasqua quando .... (mangiare) la verdura.

e. Emma vi racconterà la sua gita di Pasquetta quando .... (tornare) a casa.

f. I nostri amici arriveranno quando .... (comprare) tutti i regali di Natale.

g. Quando Alice .... (essere) a Venezia vi dirà com'è là il Carnevale.

Le futur imminent

Le verbe **stare** précède la préposition **per** et l'infinitif :

stare per + infinitif → *être sur le point de, aller + infinitif.*

Exemple : **Sto per partire** → *Je suis sur le point de partir, je vais (bientôt) partir.*

Cette expression peut être utilisée au passé également :

Stavamo per fare una sciocchezza → *Nous étions sur le point de faire une sottise, nous allions faire une sottise.*

8 Traduisez.

a. tu parleras ....

b. ils verront ....

c. ils viendront ....

d. il va bientôt arriver.......................... ....

e. tu auras fait ....

f. j'aurai dû ....

g. vous serez ....

h. nous devrons ....

9 **Mettez au futur imminent les phrases suivantes au présent ou à l'imparfait, selon les exemples.**

Exemples : Partivo per la Francia. → **Stavo per partire per la Francia.**

Prendo la macchina di tuo fratello. → **Sto per prendere la macchina di tuo fratello.**

a. Apriamo i regali di Natale. ....

b. Salgo sull'aereo. ....

c. Arriva. ....

d. Ti telefonava. ....

e. Venivo a prenderti. ....

f. Partono per le vacanze di Pasqua. ....

g. La nonna prepara il bollito per il pranzo di Natale. ....

10 **Complétez le dialogue suivant par l'un des verbes de la liste ci-dessous, selon le sens de la phrase.**

a. avremo finito **b.** resteremo **c.** stavo per telefonarti! **d.** chiederò
e. cercheremo **f.** andranno **g.** verremo **h.** sarete

– Ciao, Carlo! **1.** .... Volevo sapere se tu e tua moglie **2.** .... con noi al lago a Ferragosto.

– Adesso non lo so. **3.** .... di venire. Se **4.** .... i lavori nella casa nuova **5.** ...., altrimenti i nostri figli **6.** .... via con i nonni e noi **7.** .... a casa.

– Allora te lo **8.** .... di nuovo la settimana prossima!

Bravo, vous êtes venu(e) à bout du chapitre 16 ! Il est maintenant temps de compter les icônes et de reporter le résultat en page 128 pour l'évaluation finale.

17

Pronoms relatifs, interrogatifs et exclamatifs - Noms de villes

Pronoms relatifs

Il existe deux formes, l'une courte, plus usuelle, et l'autre longue, assez rare mais qu'il est utile de connaître.

	forme courte	forme longue
Sujet et COD	**che**	**il quale** (masc. sing.) **la quale** (fém. sing.) **i quali** (masc. plur.) **le quali** (fém. plur.) Forme valable pour tous les cas, éventuellement précédée d'une préposition qui fusionne avec l'article en formant un article contracté.
Autres compléments	**cui** (précédé d'une préposition)	

Exemples :
La persona che parla, *la personne qui parle.* **La persona che vedi,** *la personne que tu vois.*
La persona a cui abbiamo parlato, *la personne à qui nous avons parlé.*
La persona per cui sono venuto, *la personne pour laquelle je suis venu.*
La persona con cui siamo venuti, *la personne avec laquelle nous sommes venus.*
La persona di cui ti abbiamo parlato, *la personne dont nous t'avons parlé.*

La forme longue, quoique assez rare et utilisée surtout à l'écrit, peut toujours remplacer la forme courte, surtout dans les autres compléments. Les phrases ci-dessus peuvent donc être :
La persona alla quale abbiamo parlato. La persona per la quale sono venuto.
La persona con la quale siamo venuti. La persona della quale ti abbiamo parlato.

Banque de mots

abbronzato, *bronzé*
Antartide, *Antarctique*
agenda (f.), *agenda*
assumere, *embaucher*
Ferrara, *Ferrare*
forma, *forme*
Genova, *Gênes*
indirizzo (m.), *adresse*
mela, *pomme*
motivo, *motif*
nutrirsi, *se nourrir*
Padova, *Padoue*
Pisa, *Pise*
paese, *village*
sedersi, *s'asseoir*
squillare, *sonner (téléphone)*
torre, *tour*
Toscana, *Toscane*
Venezia, *Venise*
Sicilia, *Sicile*

1 Reliez les deux propositions en utilisant le pronom relatif sujet che comme dans l'exemple.

Bevi l'aperitivo. L'aperitivo è sul tavolo. ➜ **Bevi l'aperitivo che è sul tavolo.**

a. Mettiti la gonna lunga. La gonna lunga ti sta bene. ....
....
....

b. Prendi il libro. Il libro è sul letto. ....
....
....
....

c. Dipingo i muri di verde. Il verde è il mio colore preferito. ....
....
....

d. Mangio la mela. La mela è sul tavolo. .
....
....
....

e. Rispondi al telefono. Il telefono squilla. ....
....
....

f. Scrivilo sull'agenda. L'agenda è nella borsa. ....
....
....

2 Complétez par le pronom relatif correct choisi dans la liste ci-dessous.

a. a cui b. che c. di cui d. che e. in cui f. che g. con cui h. che

1. Prima abitavo nella casa .... vedi in fondo alla via.
2. Alice è la ragazza di Padova .... ti hanno parlato.
3. Il colore............... preferisco è il viola.
4. Lui è il ragazzo .... esco.
5. Ti darò l'indirizzo .... ho inviato la mail.
6. Domenica andrò a Siena, ... è la città .... sono nato.
7. Quella .... vedete nella foto è la torre di Pisa, la torre che pende.

3 Complétez par le pronom relatif correct (cui précédé d'une préposition ou che).

a. La ragazza .... vivevo a Firenze si chiamava Veronica.

b. La città .... vivete è bellissima.

c. Il libro .... ho letto sulla Sicilia è molto interessante.

d. Non conosco il motivo .... siete qui.

e. La sedia .... sei seduto è molto antica.

f. La persona .... vedi davanti all'entrata è il mio insegnante di musica.

g. Il paesino .... ti ho parlato si trova in Toscana.

h. La città italiana .... mi piace di più è Venezia.

Les pronoms démonstratifs et relatifs « couplés »

- Pour traduire le français *ce qui,* on utilise **quello che** ou **ciò che**. Pour traduire le français *celui qui, ceux qui, celle qui, celles qui,* **quello che, quelli che, quella che, quelle che. Quello che si sente dire,** *ce que l'on entend dire.*
- Il existe aussi la forme neutre **ciò,** invariable : **Ciò che voglio dirle,** *ce que je veux vous dire.*
- Le pronom relatif peut être **che** mais aussi **cui** précédé d'une préposition : **Ciò di cui abbiamo bisogno,** *ce dont nous avons besoin.*

4 Transformez les phrases en utilisant un couple pronom démonstratif + pronom relatif comme dans les exemples ci-dessous.

Exemples : Le signore sono state in quel negozio. Le signore si sono lamentate.
→ **Quelle che sono state in quel negozio si sono lamentate.**
Le persone hanno le ferie. Le persone si riposano. → **Quelli che hanno le ferie si riposano.**

a. Le persone sanno l'inglese. Le persone trovano lavoro.

....

b. Le ragazze si sono presentate. Le ragazze sono state assunte.

....

c. Le persone hanno visitato Verona. Le persone sono state contente.

....

d. Le persone sono state al mare. Le persone sono abbronzate.

....

e. Le persone andranno in palestra. Le persone saranno in forma.

....

5 Complétez les phrases par un couple pronom démonstratif + pronom relatif choisi dans la liste, comme dans l'exemple ci-dessous. Certains couples peuvent être utilisés plusieurs fois et certaines phrases admettent deux solutions.

Exemple : **Ciò per cui** sono qui è molto importante, ou : **Quello per cui** sono qui è molto importante.

a. **ciò che** b. **quello che** c. **quella che** d. **ciò di cui** e. **quello di cui**
f. **ciò per cui** g. **quello per cui**

1. Ti ho detto tutto .... sapevo su Ferrara.

2. La mia casa è .... ha la porta rossa.

3. Mi dirà presto .... gli hai raccontato.

4. Ti dirò tutto .... abbiamo parlato.

5. Il mio lavoro è .... vivo.

6. Qui a Genova abbiamo visto .... siamo venuti.

7. .... parlava il professore era interessante.

Les pronoms et adjectifs interrogatifs

che? (adjectif et pronom invariable)	**quale?** (masculin et féminin singulier), **quali?** (masculin et féminin pluriel) (équivalent à **che,** mais ils s'accordent en genre et en nombre), **qual** (masculin et féminin singulier, devant la voyelle **-e** des voix du verbe **essere**)	**quanto** (masc. sing.), **quanta** (fém. sing.), **quanti** (masc. plur.), **quante** (fém. plur.) correspond à *combien*	**chi** (pronom seulement, toujours référé à une personne)
Che città italiane hai visitato? *Quelles villes italiennes as-tu visitées ?* **Che vuoi?** *Que veux-tu ?* Locution **che cosa?** **Che cosa vuoi?** *Qu'est-ce que tu veux ?* On l'utilise toute seule aussi : **che cosa? cosa?** (devient **cos'...?** devant voyelle) *Quoi ? Qu'est-ce que...?*	**Quali città italiane hai visitato?** *Quelles villes italiennes as-tu visitées ?* **– Posso vedere le scarpe nere che sono in vetrina?** **– Quali?** *– Je peux voir les chaussures noires qui sont dans la vitrine ?* *– Lesquelles ?*	**Quanti figli ha?** *Combien d'enfants avez-vous ?* En tant que pronom neutre non accompagné d'un nom : **Quanto costano questi occhiali?** *Combien coûtent ces lunettes ?*	**Pronto, chi parla?** *Allô, qui est à l'appareil ?* 

Tous ces pronoms et adjectifs peuvent, selon le sens de la phrase, être introduits par une préposition.

Exemples : **In che città abita?** *Dans quelle ville habitez-vous ?*
Con chi sei venuto? *Avec qui es-tu venu ?*
Da quante persone è composta la tua famiglia? *De combien de personnes est composée ta famille ?*

Banque de mots

anniversario, *anniversaire (de mariage,* par exemple*)*
agenzia, *agence*
bisogno, *besoin*
Bologna, *Bologne*
capitale, *capitale*
chiedere, *demander*
domanda, *question*
famoso, *célèbre*
lettera, *lettre*
Perugia, *Pérouse*
pigliare, *prendre*
poeta, *poète*
ringraziare, *remercier*
Ravenna, *Ravenne*
Roma, *Rome*
spendere, *dépenser*
Trento, *Trente*

6 Complétez par le pronom interrogatif correct, comme dans l'exemple.

Exemple : ....è questo? → **Cos'**è questo?

a. .... hai invitato a cena?

b. Di questi colori, ... preferisci?

c. .... è quell'oggetto?

d. .... costa la tua macchina?

e. .... fai stasera?

f. .... avete pagato in pizzeria?

g. A .... telefonavi?

h. Con .... uscivi l'anno scorso?

i. .... regalerai a Valentina per il vostro anniversario?

j. .... dolci hai mangiato?

7 Complétez par le pronom interrogatif correct, choisi dans la liste ci-dessous. Il y aura parfois plusieurs réponses possibles.

a. **qual** b. **che cosa** c. **quanto** d. **quanti** e. **cosa**
f. **quali** g. **cosa** h. **chi** i. **cosa**

– Perchè sei in ritardo?

– Ho incontrato Anna che mi ha fatto molte domande sui miei viaggi!

– **1.** .... ti ha chiesto?

– Mi ha chiesto: "**2.** .... capitali hai visitato? **3.** .... è la tua preferita? Con **4.** .... ci sei andato? **5.** .... hai speso per il viaggio? **6.** .... hai visto durante la visita? In **7.** .... musei sei stato? **8.** .... giorni ci sei rimasto? **9.** .... facevi la sera?" Non finiva più di chiedermi delle cose!

– Perchè non le hai detto di andare in un'agenzia di viaggi?

Chi interrogatif et *chi* relatif

Le pronom **chi** est équivalent à **quello che** et ne se réfère qu'aux personnes. Il s'accorde toujours au masculin singulier, même si parfois, dans des généralisations, il a une signification plurielle :

La gente ascolta chi dà buoni consigli → *Les gens écoutent ceux qui donnent de bons conseils.*

Chi è stato in Italia ne parla molto bene → *Les gens qui ont été en Italie en parlent très bien.*

Avec cette signification, **chi** est très souvent utilisé dans les proverbes (comme en français) :

Chi vivrà vedrà → *Qui vivra verra.* **Ride bene chi ride ultimo** → *Rira bien qui rira le dernier.*

Chi est également utilisé comme pronom interrogatif : **Chi le ha detto questo?** → *Qui vous a dit cela ?*

8 Remplacez par chi les pronoms « couplés », comme dans les exemples. Le cas échéant, vous changerez la troisième personne du pluriel en singulier.

Quale persona te lo ha detto? → **Chi te lo ha detto?**

Quelli che hanno visto il film hanno detto che è divertente.
→ **Chi ha visto il film ha detto che è divertente.**

a. Studio l'italiano, ma non capisco quelli che parlano in fretta. ....

b. Quelli che parlano troppo non ascoltano molto. ....

c. Con quale persona andrai a Roma? ....

d. Non sapevamo a quale persona chiedere l'indirizzo. ....

e. Aiutiamo quelli che hanno bisogno di noi. ....

f. Quello che ha scritto questa lettera è un caro amico di Cagliari. ....

g. Quelli che volevano vedere la mostra a Bologna dovevano prenotare. ....

h. Quelli che dormono non pigliano pesci (proverbio). ....

9 Dans les phrases suivantes, entourez les mots que l'on peut remplacer par chi, comme dans les exemples ci-dessous.

Exemples : Alice ascolta sempre quello che le parla.

Non so di quale persona sono le chiavi.

a. Mia sorella non ascolta mai quello che parla.

b. Dimmi con quale persona eri ieri a Ravenna.

c. Da quale persona l'hai saputo?

d. A quale persona l'avete raccontato?

e. Mi piace quello che parla poco.

f. Non so per quale persona lavori.

g. Ringrazierò quello che mi aiuterà.

h. Quello che ha scritto questa poesia è un famoso poeta.

i. Quello che ha fatto questo lavoro è stato molto bravo.

Les pronoms et adjectifs exclamatifs

Les adjectifs et pronoms exclamatifs ont les mêmes formes que les interrogatifs :
Che bella macchina! → *Quelle belle voiture !*
Quanta gente! → *Que de monde !*
Questo cappello costa trecento euro. – Quanto! → *Ce chapeau coûte trois cents euros. – Quel prix !* (littéralement : *Combien !*)

10 Complétez par le pronom ou adjectif exclamatif correct, choisi dans la liste ci-dessous. Les éléments peuvent être utilisés plusieurs fois.

a. che **b.** quante **c.** quanti **d.** quanta **e.** quanto **f.** chi

1. Ieri ho lavorato tantissimo, ... stanca che ero!
2. .... bel quadro!
3. .... ragazze simpatiche!
4. .... divertente questo film!
5. La sua macchina costa ventimila euro. .... soldi!
6. Non vedo l'ora di partire per Perugia. – A .... lo dici!
7. .... vedo? Barbara insieme a Diego!
8. .... neve quest'anno a Trento!
9. Ho aspettato due ore dal dottore! – .... tempo!

Bravo, vous êtes venu(e) à bout du chapitre 17 ! Il est maintenant temps de compter les icônes et de reporter le résultat en page 128 pour l'évaluation finale.

18

Verbes impersonnels – Gérondif

vocabulaire : météo

Les verbes impersonnels

Ils n'ont que la troisième personne du singulier. Ils ne sont jamais précédés d'un pronom sujet. Ils indiquent :

- Les phénomènes météorologiques comme **nevicare,** *neiger* ; **piovere,** *pleuvoir* ; **fare freddo, fare caldo,** *faire froid, faire chaud,* etc.

Exemples : **nevica** → *il neige* ; **pioverà** → *il pleuvra* ; **faceva freddo** → *il faisait froid.*

- Nécessité (**bisognare,** *falloir*) ; opportunité (**conviene,** *il vaut mieux*) ; événement (**succedere,** *arriver*).

Exemples : **Bisognerà fare attenzione** → *Il faudra faire attention* ; **ci conviene andare piano** → *il vaut mieux que nous allions doucement* ; **mi succede raramente di dormire al pomeriggio** → *il m'arrive rarement de dormir l'après-midi.*

Le verbe **essere** suivi d'un adjectif ou d'un adverbe est souvent utilisé dans des phrases impersonnelles :

Exemples : **è meglio coprirsi bene** → *il vaut mieux bien se couvrir* ; **sarà bello andare al mare domenica** → *ce sera beau d'aller à la mer dimanche.*

Aux temps composés, l'auxiliaire des verbes impersonnels est toujours **essere**, sauf pour **fare** qui utilise **avere**.

Exemples : **ieri è nevicato** → *hier il a neigé* ; **l'anno scorso non ha fatto freddo** → *l'année dernière il n'a pas fait froid.*

Remarquez la construction du verbe **convenire** avec les pronoms personnels compléments (forme faible) : **non ti conviene uscire con questo tempaccio** → *il vaut mieux pour toi ne pas sortir par ce mauvais temps.*

Banque de mots

candido, *candide (blanc)*
convenire, *valoir mieux, être préférable*
doccia, *douche*
meglio, *mieux*
farcela, *y arriver* (**ce la faccio** = *j'y arrive*)
immagine, *image*
incontrare, *rencontrer*
mentre, *pendant que*
nuvola (f.), *nuage*
paesaggio, *paysage*
peggio, *pis, pire*
piangere, *pleurer*
succedere, *arriver (d'un événement)*
superare, *dépasser, surmonter*
vento, *vent*

1 Placez la bonne légende à côté de chaque image.

a. farà bello **b.** fa freddo **c.** nevicherà **d.** pioveva **e.** fa brutto **f.** faceva caldo

IERI

 **1.** ....

 **2.** ....

OGGI

 **3.** ....

 **4.** ....

DOMANI

 **5.** ....

 **6.** ....

2 Complétez par bisogna, conviene ou succede conjugués au temps correspondant au sens de la phrase.

a. Piove, ... prendere l'ombrello!

b. Quando abitavo là, a volte mi .... di chiudermi fuori!

c. Ti .... telefonarle prima di andare a casa sua.

d. Domani farà freddo, ... vestirsi pesanti per andare fuori.

e. Non .... comprare in questo negozio, è molto caro!

f. Quando ero studente mi .... spesso di studiare di notte.

g. L'anno scorso .... sempre aiutarlo perché da solo non ce la faceva.

h. Anche a te .... di addormentarti al cinema?

3 Complétez par les formes impersonnelles de la liste ci-dessous.

a. sarà meglio **b.** era bello **c.** è peggio **d.** era nevicato **e.** è piovuto **f.** conveniva **g.** conviene

1. Se non studi .... perché non supererai il tuo esame.

2. In montagna .... e il paesaggio era candido.

3. Ci .... lavorare oggi che fa brutto e uscire domani.

4. Stamattina .... e sono rimasta in casa.

5. Ieri Matteo ha detto che gli .... prendere il treno per andare da sua sorella.

6. Domani .... uscire presto per essere puntuali.

7. .... stare insieme quando eravamo in vacanza.

Le gérondif

verbes en **-are** / **parlare**	verbes en **-ere** / **prendere**	verbes en **-ire** / **finire**
parl***ando***	prend***endo***	fin***endo***

Il indique :

- la simultanéité temporelle. Exemple : **Leggendo, ascolto musica** → *En lisant, j'écoute de la musique* ;
- la cause. Exemple : **Mangiando troppo, è ingrassato** → *Il a grossi en mangeant trop* ;
- le moyen. Exemple : **Sbagliando si impara** → *C'est en se trompant que l'on apprend.*

4 Complétez par le gérondif du verbe entre parenthèses.

a. .... (camminare) guardavo il paesaggio.

b. Canta .... (fare) la doccia.

c. A lezione si impara .... (ascoltare).

d. La zia cucina .... (guardare) la TV.

e. Mi parlava .... (piangere).

f. .... (studiare) tanto si è laureato in tre anni.

g. .... (parlare) con te il tempo mi passerà in fretta.

h. Ha imparato l'italiano .... (ascoltare) la gente.

5 Associez les deux moitiés de phrases pour obtenir un énoncé ayant un sens logique.

1. Camminando sotto il sole
2. Uscendo senza ombrello
3. Piantando un chiodo
4. Bevendo il caffè
5. Studiando tanto
6. Rispondendo a molti annunci

a. troverai un lavoro.
b. si laureeranno presto.
c. si è bagnato tutto.
d. si è rotto un dito.
e. mi sono sporcato la camicia.
f. gli è venuta sete.

Stare + gérondif

Le verbe **stare** suivi du gérondif est utilisé pour le présent progressif :

Carlo sta dormendo → *Carlo est en train de dormir.*

Cette formule est possible à tous les temps simples :

Stavo leggendo, quando ho sentito un gran rumore → *J'étais en train de lire, quand j'ai entendu un grand bruit.*

6 Construisez le présent progressif (stare + gérondif) des verbes entre parenthèses.

a. Silvia .... (scrivere) un libro.

b. I miei figli .... (giocare) a pallacanestro.

c. Fuori .... (piovere).

d. Federico .... (studiare) il pianoforte.

e. Elisa .... (arredare) la casa nuova.

f. Le mie amiche .... (preparare) una festa per il mio compleanno.

g. Io e mia moglie .... (partire) per le vacanze.

h. Tu e tuo fratello .... (ascoltare) musica classica.

i. Sono caduta mentre .... (correre).

j. Li abbiamo incontrati mentre .... (passeggiare) nel parco.

7 Construisez le présent progressif (stare + gérondif) des verbes entre parenthèses en utilisant l'imparfait du verbe stare.

a. Tu e Ada .... (uscire) quando loro sono arrivati.

b. Mio marito .... (tornare) a casa quando li ha incontrati.

c. Quando tu ti sei alzato io .... (dormire).

d. Mentre i nostri amici ci aspettavano tu e Andrea .... (prendere) un caffè.

e. Mentre lavoravo ho visto che fuori .... (nevicare).

Le gérondif avec les pronoms personnels simples et groupés

Ces pronoms s'attachent à la fin du gérondif en formant un seul mot avec lui. L'accent tonique reste sur la syllabe où il était avant la fusion.

Exemples : **Parlandogli, lo guardava negli occhi** → *En lui parlant, il le regardait dans les yeux* ; **te lo porterò andandoci** → *je te l'apporterai en y allant.*

8 Transformez les phrases selon l'exemple suivant.

Exemple : Mentre lo accompagneremo a casa gli parleremo.
→ **Accompagnandolo** a casa gli parleremo.

a. Mentre gli scrivevo lo pensavo. ....
....

b. Mentre la guardava negli occhi le spiegava cosa era successo. ....
....

c. Mentre gli legge la storia gli mostra le immagini del libro. ....
....

d. Mentre la salutavamo le abbiamo dato un regalo. ....
....

e. Mentre gli parlava sorrideva. ....
....

f. Vedrò dov'è quando ci andrò. ....
....

g. Quando ci passerai lo saluterai. ....
....

C'è et *ci sono* : tableau récapitulatif

Dans ce tableau, vous trouverez les formes de **c'è** et de **ci sono** aux différents temps étudiés jusqu'ici.

	présent		**passé composé**		**imparfait**	
singulier	**c'è**	*il y a*	**c'è stato** (masc.), **c'è stata** (fém.)	*il y a eu*	**c'era**	*il y avait*
pluriel	**ci sono**		**ci sono stati** (masc.), **ci sono state** (fém.)		**c'erano**	

	plus-que-parfait		**futur**		**futur antérieur**	
singulier	**c'era stato** (masc.), **c'era stata** (fém.)	*il y avait eu*	**ci sarà**	*il y aura*	**ci sarà stato** (masc.), **ci sarà stata** (fém.)	*il y aura eu*
pluriel	**c'erano stati** (masc.), **c'erano state** (fém.)		**ci saranno**		**ci saranno stati** (masc.), **ci saranno state** (fém.)	

9 Complétez par c'è conjugué au temps le plus adapté au sens de la phrase.

Bel tempo

a. Ho visto le previsioni del tempo: domani .... il sole.

b. Ieri mentre ero fuori .... il sole.

c. Quel giorno .... il sole al mattino poi erano arrivate le nuvole e il vento.

d. Che bello, oggi .... il sole!

e. Ieri per un'ora .... il sole.

10 Complétez par ci sono conjugué au temps le plus adapté au sens de la phrase.

Brutto tempo

a. Oggi .... molte nuvole in cielo.

b. Domani .... molte nuvole in cielo.

c. Quel giorno .... molte nuvole in cielo durante il picnic.

d. Ieri pomeriggio .... molte nuvole in cielo.

Bravo, vous êtes venu(e) à bout du chapitre 18 ! Il est maintenant temps de compter les icônes et de reporter le résultat en page 128 pour l'évaluation finale.

19

Prépositions, conjonctions, adverbes

vocabulaire : santé

Les prépositions

Dans les leçons précédentes, nous avons vu quelques prépositions. Voici un tableau récapitulatif des plus importantes d'entre elles :

a	di	da	in
Direction d'un mouvement : **Vado a Roma,** *Je vais à Rome.* **Vado a lavorare,** *Je vais travailler.*	Propriété : **la macchina di Giulia,** *la voiture de Giulia*	Provenance et distance : **Vengo da Milano,** *Je viens de Milan.* **Abito a tre chilometri da Milano,** *J'habite à 3 km de Milan.* **Siamo lontani da Torino?** *Sommes-nous loin de Turin ?*	*dans* et *en* dans les expressions locatives : **Abito in Italia,** *J'habite en Italie.*
État dans un lieu : **Abito a Roma,** *J'habite à Rome.*	L'argument : **un libro di storia,** *un livre d'histoire*	Complément d'agent dans une phrase passive : **È stato visto da tutti,** *Il a été vu par tout le monde.*	*en* dans les expressions temporelles : **L'ho fatto in due ore,** *Je l'ai fait en deux heures.*
Dans les expressions locatives : **vicino a,** *près de* **davanti a,** *devant* **di fronte a,** *en face de* **in mezzo a,** *au milieu de* **intorno a,** *autour de* **di fianco a,** *sur le côté de*	Le contenu : **una tazza di caffè,** *une tasse de café* Avec les adverbes : **prima di,** *avant* **invece di,** *au lieu de*	Le contenant : **una tazza da caffè,** *une tasse à café* *depuis* **Ti aspetto da due ore,** *Je t'attends depuis deux heures.*	Expressions de quantités : **Veniamo in due,** *Nous venons à deux.*
Pour dire l'heure : **Vengo alle tre,** *Je viens à trois heures.*	Dans les expressions : **Credo di no,** *Je crois que non.* **Dico di sì,** *Je dis oui.*	*chez* **Vieni a mangiare da noi?** *Viens-tu manger chez nous ?*	Complément de moyen : **Sono venuta in treno,** *Je suis venue en train.*
	Dans les expressions temporelles : **di giorno, di sera, di domenica,** *le jour, le soir, le dimanche*	Destination d'une action : **È una cosa da fare.** *C'est une chose à faire.*	Pour situer une action dans une année, un mois, une saison : **nel millenovecentosessanta,** *en 1960* **in ottobre,** *en octobre* **in inverno,** *l'hiver*

Suite du tableau en page suivante →

Suite du tableau de la page 107

con	su	per	tra, fra
avec **Abito con Paolo,** *J'habite avec Paolo.* **Lavora con cura** = *Il travaille avec soin.*	*sur* **L'ho dimenticato sul tavolo,** *Je l'ai oublié sur la table.*	*pour* dans les expressions de cause et de but : **Sono tornato a casa per il gran freddo,** *Je suis rentré à cause du grand froid.* **Sono venuto per questo,** *Je suis venu pour cela.*	*entre* deux éléments : **fra me e te,** *entre toi et moi*
Complément de moyen : **Sono arrivata con il treno delle due e mezzo,** *Je suis arrivée par le train de deux heures et demie.*	Approximation : **un giovane sui vent'anni,** *un jeune homme qui pouvait avoir vingt ans*	Destination : **Ho preso il treno per Roma,** *J'ai pris le train pour Rome.*	*parmi* plusieurs : **fra noi tutti,** *parmi nous tous*
		Mouvement circonscrit : **Passeggiamo per la città,** *Nous nous promenons dans la ville.*	*dans* au sens temporel de délai : **Vengo tra due ore,** *Je viens dans deux heures.*

Les prépositions **a, di, da, in** et **su** forment des articles contractés avec les articles définis qui les suivent (voir les formes aux chapitres 5, 6 et 11). Avec **con,** la formation de l'article contracté est facultative (on peut dire **con il martello** ou **col martello,** *avec le marteau*). Les prépositions **per, tra** et **fra** restent séparées des articles qui les suivent : **Verremo tra le due e le tre** → *Nous viendrons entre deux et trois heures.*

1 Complétez les phrases par une préposition.

a. Sono stata ad una lezione ……… lingua italiana.

b. Ho messo le chiavi ……… quel cassetto.

c. Durante le vacanze eravamo ……… Venezia.

d. Quando piove va al lavoro ……… macchina.

e. Metterò un bel vaso ………. questo tavolo.

f. Il suo amico è arrivato adesso ……… Siracusa.

g. Per favore, fallo ……… me!

h. La farmacia è ……… il bar e il negozio ……… abbigliamento.

i. Metti il comodino ……… il letto e l'armadio.

j. Andremo al mare ……… i nostri amici.

k. Fa freddo, bevetevi una tazza ……… cioccolata calda!

l. Venite a cena ……… me stasera?

Banque de mots

allegro, *gai*
ammalato, *malade*
antibiotico, *antibiotique*
affacciarsi, *se pencher (à une fenêtre)*
congelare, *geler*
costante, *constant*
delicato, *délicat, fragile*
dimagrire, *maigrir*
durata, *durée*
febbre, *fièvre*
ferita, *blessure*
gola, *gorge*
guarire, *guérir*
iniezione, *injection*
male/mal di…, *mal de…*
massaggio, *massage*
medico, *médecin*
oliva, *olive*
pancia (f.), *ventre*
pomata, *pommade*
pigiama, *pijama*
raffreddore, *rhume*
recente, *récent*
sapore (m.), *saveur*
schiena (f.), *dos*
sciroppo, *sirop*
sforzo, *effort*
soffitta (f.), *grenier*
stomaco, *estomac*
testa, *tête*
tosse, *toux*
triennale, *triennal (qui dure trois ans)*

2 Complétez le dialogue suivant par les prépositions ou les articles contractés de la liste ci-dessous.

a al alle tra in con in da sulla di sul per

– Ciao, sono venuta **1.** ……… prenderti **2.** ……… andare **3.** ……… cinema. Il film inizia **4.** ……… otto e mezza, cosa fai **5.** ……… poltrona **6.** ……… pigiama?

– Mi sento male! Ieri sono andato **7.** ……… bicicletta **8.** ……… Diego e ci siamo congelati.

– Bravi! Adesso ti preparo una tazza **9.** ……… tè e te la metto **10.** ……… tavolino. Tu stai **11.** ……… caldo **12.** ……… i cuscini e io vado **13.** ……… cinema **14.** ……… sola!

3 Transformez la préposition simple en article contracté, comme dans l'exemple.

Exemple : Queste scarpe le ho comprate in un negozio (di) **del** centro.

a. Mi piace passeggiare (in) ………… parco (di) ………… mia città.

b. Siamo saliti (su) ………… torre di Pisa.

c. Quest'olio d'oliva viene (da) ………… lago di Garda.

d. Non mi piace il sapore (di) ………… sciroppo che mi ha dato il medico.

e. L'ho vista (da) ………… strada perché si era affacciata (a) ………… finestra.

Quelques conjonctions

e (parfois **ed** devant voyelle), *et*
o (parfois **od** devant voyelle), *ou*
ma, *mais*
cioè, *c'est-à-dire*
infatti, *en effet*
allora, *alors*
poi, *ensuite*
perciò, *donc*
quindi, *donc*
né… né, *ni… ni*
sia… che, *et… et*
quando, *quand*
perché, *pourquoi, parce que, puisque*
che, *que*

4 Complétez par la conjonction adaptée en choisissant parmi les suivantes.

a. **ma** b. **quindi** c. **poi** d. **o** e. **perché** f. **cioè**

1. Non è uscito .... non stava bene.
2. Il suo ragazzo stava male, ... Marta è andata al cinema da sola.
3. Faceva freddo e non sapevo se andare in bicicletta .... restare in casa.
4. Dovevo uscire con la mia fidanzata, ... mi sono ammalato e sono andato a letto.
5. Sono andata al cinema, ... sono andata a trovare un'amica.
6. Mi sono iscritto a un corso di laurea triennale, ... della durata di tre anni.

5 Complétez par la conjonction adaptée en choisissant parmi les suivantes.

a. **sia... che** b. **perciò** c. **quando** d. **perché** e. **che** f. **né... né**

1. Non avevo .... la tosse .... il raffreddore, solo febbre e mal di gola.
2. Il dottore mi ha dato .... lo sciroppo .... l'antibiotico.

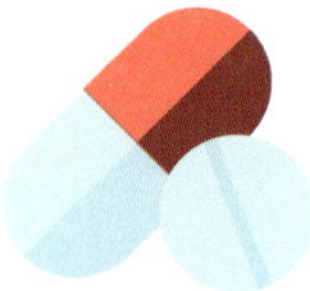

3. .... ho mal di testa non riesco a fare niente.
4. Sono stato dal medico .... avevo sempre mal di pancia.
5. Anna mi ha detto .... ha mal di schiena e non viene in palestra.
6. La mia amica ha mal di stomaco .... non verrà a cena da noi.

6 Complétez par la conjonction adaptée en choisissant parmi les suivantes.

a. perché b. allora c. né... né d. ma e. sia... che f. infatti g. quando h. o

– Ciao Marco, **1.** .... non c'eri ieri in palestra? Avevi impegni di lavoro **2.** .... non stavi bene?

– Avevo mal di schiena, non potevo **3.** .... camminare .... fare sforzi. Ho messo anche una pomata **4.** .... mi fa ancora male.

– È capitato anche a me. Non mi passava, **5.** .... sono andato dal dottore e ho dovuto fare **6.** .... iniezioni .... massaggi e stare a riposo per una settimana.

– **7.** .... anch'io sto andando dal dottore!

– Arrivederci, ci vedremo in palestra **8.** .... sarai guarito!

Les adverbes de manière

Ils se forment par le suffixe **-mente** ajouté à un adjectif :

adjectif	adverbe
intelligente, *intelligent* **gentile,** *gentil* **leggero,** *léger* **antico,** *ancien*	**intelligentemente,** *intelligemment* **gentilmente,** *gentiment* **leggermente,** *légèrement* (la voyelle **e** disparaît après les consonnes **l** et **r**) **anticamente,** *anciennement* (l'adverbe se forme avec l'adjectif féminin)

7 Transformez l'adjectif en adverbe, comme dans l'exemple.

chiaro ➜	**chiaramente**
lento ➜	....
veloce ➜	....
attento ➜	....
recente ➜	....
delicato ➜	....
dolce ➜	....
vero ➜	....
allegro ➜	....
triste ➜	....

8 Complétez par l'adverbe opportun en choisissant parmi les suivants.

a. spesso **b.** poco **c.** piano **d.** tardi **e.** bene **f.** molto **g.** su

1. Bevi questo tè, ti farà ....

2. Non è suonata la sveglia e sono arrivato .... alla stazione.

3. Fai .... altrimenti svegli i bambini.

4. Il suo ultimo libro mi è piaciuto ...., infatti l'ho letto due volte.

5. Dormi .... perciò sei stanco.

6. Andiamo .... in soffitta a cercare gli attrezzi.

7. Andrea si allena .... in palestra per essere in forma.

Quelques adverbes

abbastanza, *assez*
molto, *beaucoup*
tanto, *tant*
poco, *peu*
troppo, *trop*
solo, *seulement*
mai, *jamais*
sempre, *toujours*
spesso, *souvent*
presto, *tôt*
tardi, *tard*
piano, *doucement*
forte, *fort*
lontano, *loin*
vicino, *près*
qui, *ici*
là, *là-bas*
su, *en haut*
giù, *en bas*
bene, *bien*
male, *mal*

Comparatifs et superlatifs des adverbes

Comme pour les adjectifs (voir chapitre 4), les adverbes aussi peuvent former des comparatifs :

Abito più lontano di te → *J'habite plus loin que toi* ;
Parli meno forte, per favore! → *Parlez moins fort, s'il vous plaît !*

Ils peuvent également former des superlatifs :

Avevamo mangiato pochissimo → *Nous avions mangé très peu* ;
Gli ha parlato molto male → *Il lui a parlé très mal.*

Comparatifs et superlatifs irréguliers

Voici le tableau des formes particulières des comparatifs et des superlatifs de quelques adjectifs et adverbes très utilisés :

adjectif	comparatif de supériorité	superlatif absolu	adverbe	comparatif de supériorité
buono *bon*	**migliore** *meilleur*	**ottimo** *très bon*	**bene** *bien*	**meglio** *mieux*
cattivo *mauvais*	**peggiore** *pire*	**pessimo** *très mauvais*	**male** *mal*	**peggio** *pis*
grande *grand*	**maggiore** *majeur*	**massimo** *très grand*	**molto** *beaucoup*	**più** *plus*
piccolo *petit*	**minore** *moindre*	**minimo** *très petit*	**poco** *peu*	**meno** *moins*
alto *haut*	**superiore** *supérieur*	-	-	-
basso *bas*	**inferiore** *inférieur*	-	-	-

Ces formes particulières restent d'usage facultatif, et on peut dire aussi bien **più buono** que **migliore,** et **molto buono** ou **buonissimo** que **ottimo**.

Locutions adverbiales

Elles sont formées d'une préposition + un nom ou un adjectif, et elles sont équivalentes à un adverbe. En voici quelques-unes parmi les plus fréquentes :

adjectif	adverbe
all'improvviso	*soudain*
a lungo	*longtemps*
di più	*davantage*
di meno	*moins*

adjectif	adverbe
di sicuro	*sûrement*
di solito	*d'habitude*
in fretta	*en hâte, vite*
per caso	*par hasard*

9 Complétez par les adverbes de la liste ci-dessous en formant le comparatif ou le superlatif.

a. **minimo** b. **più** c. **più piano** d. **meglio** e. **meno** f. **peggio** g. **pessimo**

1. Mangia .... se vuoi dimagrire.
2. Oggi ho lavorato .... di ieri, infatti ho finito tardi.
3. In quel ristorante abbiamo mangiato .... che nell'altro, quindi ci torneremo.
4. Ieri mi sentivo .... di oggi, infatti non ho più la febbre.
5. Il libro che sto leggendo è .... e penso che non lo finirò.
6. Parla .... altrimenti svegli la bambina.
7. Con uno sforzo .... ma costante potrai essere presto in forma.

10 Entourez la locution adverbiale correcte, comme dans l'exemple.

Exemple : Ho lavorato ...... per finire il lavoro.
a. all'improvviso **b.** a lungo **c.** di sicuro

1. L'ho incontrato ...... davanti a casa.
a. di più **b.** di solito **c.** per caso

2. La macchina si è fermata ...... in mezzo alla strada.
a. a lungo **b.** all'improvviso **c.** per caso

3. Mi ha parlato ...... e non ho capito bene cosa mi ha detto.
a. di meno **b.** in fretta **c.** di sicuro

4. Ti telefona ......, non preoccuparti.
a. di sicuro **b.** di solito **c.** di più

5. Mangiavi ...... perché volevi dimagrire.
a. di più **b.** in fretta **c.** di meno

6. Questo è il bar in cui venivamo ...... dopo le lezioni.
a. all'improvviso **b.** di solito **c.** di meno

7. Nei prossimi giorni studierò ...... per superare l'esame.
a. a lungo **b.** per caso **c.** in fretta

Bravo, vous êtes venu(e) à bout du chapitre 19 ! Il est maintenant temps de compter les icônes et de reporter le résultat en page 128 pour l'évaluation finale.

20

Adjectifs et pronoms indéfinis – Exercices de révision

Adjectifs et pronoms indéfinis

Souvent, ils sont identiques aux adverbes. Adjectifs, ils sont suivis d'un nom ; pronoms, ils le remplacent. Voici les plus fréquents :

poco	*peu (de)*
molto	*beaucoup (de)*
tanto	*tant (de)*
troppo	*trop (de)*
tutto	*tout*
nessuno	*aucun* (adj.), *personne* (pron.)
alcuni/alcune	*quelques*
altro	*autre*

Les formes ci-contre peuvent être tantôt des adjectifs, tantôt des pronoms. Elles se comportent comme les noms et les adjectifs en **-o** (féminin singulier en **-a,** masculin pluriel en **-i,** féminin pluriel en **-e**).

Exemple : **In dicembre ci sono poche giornate di sole, in giugno ce ne sono tante** → *En décembre il y a peu de journées ensoleillées, en juin il y en a beaucoup.*

Les formes du tableau suivant peuvent être des adjectifs seulement, elles sont invariables et s'accordent toujours au singulier :

qualche	*quelques*
ogni	*chaque*

Qualche et **alcuni** ont la même signification, mais le premier est invariable et singulier (bien qu'ayant un sens pluriel) alors que le second s'accorde : **qualche giorno** et **alcuni giorni** signifient tous les deux *quelques jours.*

s'accordent en genre	
qualcuno **ognuno**	*quelqu'un* *chacun*
invariables	
qualcosa **niente**	*quelque chose* *rien*

1 Complétez par l'un des indéfinis (adjectifs et pronoms) de la liste ci-dessous comme dans l'exemple.

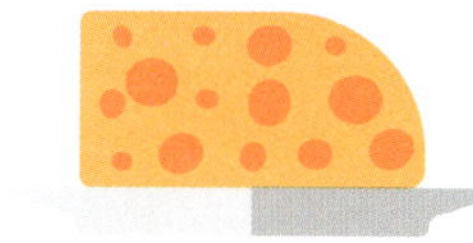

a. niente **b.** tutti **c.** tutto **d.** nessuno **e.** qualcosa **f.** alcuni
g. ognuno **h.** ogni **i.** altro **j.** qualcuno

Exemple : Prendi pure **tanto** gelato, io ne voglio **poco** perché non mi piace.

1. Ieri sera a teatro non è venuto .... dei miei colleghi, invece i suoi c'erano ....

2. Ho poco spazio e quindi ho invitato a cena solo .... dei miei amici.

3. Prendi lo sciroppo per la tosse e bevilo ....!

4. .... mi ha detto che Sara si è sposata.

5. Vuoi .... da mangiare?
– No, grazie non prendo ....

6. .... di noi farà una parte del lavoro così lo finiremo velocemente.

7. Per .... parente ho preparato un regalino.

8. Che buoni questi gelati!
– Ne vuoi un ....?

Mi piace, non mi piace

Dans l'expression **mi piace il mare**, *j'aime la mer*, **il mare** est le sujet du verbe **piacere** et la personne à laquelle la mer plaît est rendue par le pronom personnel complément indirect **mi**.

Le verbe s'accorde donc avec le sujet réel au singulier ou au pluriel :

Non gli piacciono i film americani → *Il n'aime pas les films américains.*

Non le piace il cinema americano → *Elle n'aime pas le cinéma américain.*

2 Écrivez les phrases exprimant les goûts (mi piace/non mi piace) en utilisant les pronoms indirects corrects, comme dans les exemples.

Exemples : Lara/le patatine → Le piacciono le patatine.
Io/la lingua inglese. → Non mi piace la lingua inglese.

1. Io e Lucia/il mare → ....
....

2. Sandro/la cioccolata → ....
....

3. Io/la lingua italiana → ....
....

4. Tu/la musica jazz → ....
....

5. Elena/lo sciroppo per la tosse ....
....

6. Tu e Patrizia/la pasta ....
....

7. Io e Matteo/le città grandi ....
....

8. Io/la montagna ....
....

3 Placez les mots dans le bon ordre pour former des phrases comme dans l'exemple.

Exemple : sono / Dove / documenti / miei / i / ? / cassetto / nel / Sono.

→ **Dove sono i miei documenti? Sono nel cassetto.**

a. Dove / messo / chiavi / hai / le / ? / sul / Sono / tavolino ……………………………… ………………………………………………

b. la / Dov' / macchina / è / mia? dietro / È / sua / la ……………………………………… ………………………………………………

c. bicicletta / è / Dov' / la? Il / dentro / garage / È …………………………………… ………………………………………………

d. scarpe / Dove / le / sono / mie / ? / Sono / letto / sotto / il ………………… ………………………………………………

e. Dov' / la / è / farmacia / ? / tra / È / il / la / bar / banca / e ……………………… ………………………………………………

4 Écrivez les horaires en toutes lettres comme dans l'exemple.

Exemple : La lezione di italiano inizia / 9.30

→ **La lezione di italiano inizia alle nove e trenta** (o **e mezza**).

a. Vai a lavorare / **7.45** ……………………… ………………………………………………

b. C'è il primo autobus / **6.05** …………… ………………………………………………

c. Partirai per Torino / **20.15** ……………… ………………………………………………

d. Andavamo a correre / **18.00** …………… ………………………………………………

e. Lo spettacolo finirà / **22.40** …………… ………………………………………………

f. Si svegliano / **6.15** ……………………… ………………………………………………

5 Regroupez les mots suivants en trois familles selon le vocabulaire.

lago bus pantaloni bicicletta macchina aereo montagna maglietta campagna vestito mare giacca

a. ………………………………………………………………………

b. ………………………………………………………………………

c. ………………………………………………………………………

6 Entourez l'intrus.

piatto tazza coltello martello forchetta bicchiere cucchiaio tovagliolo

7 Placez les syllabes dans le bon ordre pour former des mots.

a. ROALBE ....

b. LIPELCA ....

c. SETCASTO ....

d. NONIPA ....

e. FOSEROMA ....

f. NOVI ....

g. COAMI ....

h. LOTELFRA ....

8 Complétez le tableau des verbes ci-dessous comme dans l'exemple.

Infinitif	Présent	Passé Composé	Imparfait	Plus-que-parfait	Futur	Futur antérieur
Exemple : **camminare**	**cammino**	**ho camminato**	**camminavo**	**avevo camminato**	**camminerò**	**avrò camminato**
ascoltare	ascolto	....	....	avevo ascoltato	....	....
leggere	....	ho letto	....	....	....	avrò letto
scrivere	scrivo	....	scrivevo	....	....	....
capire	capisco	....	....	....	....	avrò capito
finire	....	....	....	avevo finito	finirò	....

9 Associez à chaque forme verbale le singulier ou le pluriel correspondant, comme dans les exemples.

Exemples : parlerà (singulier) → **parleranno** (pluriel)
ho nuotato (singulier) → abbiamo nuotato (pluriel)

singulier	pluriel
....	viaggerete
ha guidato	....
....	leggevate
aveva costruito	....
....	avrete aspettato
penso	....
....	avete capito
passeggiava	....

10 Teo a écrit un e-mail à une amie pour lui dire qu'il ira la voir dans sa ville, à Matera, mais quelques mots ont été perdus ! Complétez par les mots de la liste ci-dessous.

a. in cui **b.** prima **c.** a **d.** quindi **e.** con **f.** ho
g. di **h.** ti **i.** fa' **j.** nella **k.** per **l.** più

Carissima amica,

Come stai?

Ho molta voglia **1.** .... vederti e ti scrivo **2.** .... metterci d'accordo per il mio arrivo **3.** .... Matera.

Dovrò prendere due treni **4.** .... arriverò alla stazione **5.** .... di te, alle sei e mezza, quindi **6.** .... aspetto lì. **7.** .... prenotato in un bed and breakfast molto carino **8.** .... città antica. Stasera andremo a cena in un ristorante **9.** .... si mangiano piatti tipici e domani visiteremo i luoghi **10.** .... interessanti della città **11.** .... una guida. **12.** .... buon viaggio! A domani.

Baci, Teo

Bravo, vous êtes venu(e) à bout du chapitre 20 ! Il est maintenant temps de compter les icônes et de reporter le résultat en page 128 pour l'évaluation finale.

SOLUTIONS

1. Articles, noms et adjectifs

1 **a.** l' **b.** il **c.** lo **d.** la **e.** gli **f.** le **g.** i **h.** l'

2 **1.** d. **2.** a. **3.** b. **4.** c. **5.** g. **6.** e. **7.** f.

3 **a.** telefono **b.** matita **c.** zaino **d.** anello **e.** libri **f.** occhiali **g.** monete

4 **1.** c. **2.** b. **3.** a. **4.** b. **5.** a. **6.** b.

5 **a.** il **b.** dei **c.** una **d.** delle **e.** lo **f.** degli **g.** un'

6 **1.** I ragazzi **2.** Gli anelli **3.** Gli scaffali **4.** Le automobili **5.** Le chiavi **6.** Delle donne **7.** Degli stranieri **8.** Delle amiche **9.** Delle olandesi **10.** Degli inglesi

7 **1.** La bambina **2.** La spagnola **3.** L'americana **4.** Un'amica **5.** Una psicologa **6.** Delle danesi **7.** Delle irlandesi **8.** Una donna **9.** Una collega

8 Parola nascosta (mot caché) : computer (*ordinateur*)

		1.	O	C	C	H	I	A	L	I	
				B	O	R	S	A	2.		
				3.	M	O	U	S	E		
				4.	P	E	N	N	A		
			5.	Q	U	A	D	E	R	N	O
					T	A	B	L	E	T	6.
C	H	I	A	V	E	7.					
	8.	O	M	B	R	E	L	L	O		

9 **1.** una donna ricca **2.** una studentessa straniera **3.** un amico portoghese **4.** un bambino tranquillo **5.** una ragazza simpatica

10 **1.** delle donne gentili **2.** un colore vivace **3.** delle belle mostre **4.** gli zaini nuovi **5.** l'amico greco **6.** le borse pesanti **7.** gli uomini alti

11 **1.** c. **2.** b. **3.** c. **4.** b. **5.** c.

12 Féminin : 3, 4, 8, 11 ; Masculin : 5, 7, 12 ; Masculin/Féminin : 1, 2, 6, 9, 10

13 **1.** basso **2.** alto **3.** stretto **4.** largo **5.** grasso **6.** magro **7.** piccolo **8.** grande **9.** bello **10.** brutto **11.** simpatico **12.** antipatico **13.** vecchio **14.** nuovo **15.** divertente **16.** noioso **17.** lungo **18.** corto

14 **1.** c. D. **2.** a. B. **3.** e. E. **4.** d. A. **5.** b. C.

2. Les verbes essere et avere au présent de l'indicatif – Les pronoms personnels sujets

1 **a.** Voi **b.** Io **c.** Noi **d.** Lui/Lei **e.** Tu **f.** Loro

2 **a.** I bambini sono vivaci. **b.** Le studentesse sono emozionate. **c.** I ragazzi sono arrabbiati. **d.** Loro sono delle care amiche. **e.** Gli/Le insegnanti sono gentili.

3 **1.** c **2.** b. **3.** e. **4.** a. **5.** f. **6.** d.

4 **1.** e. **2.** a. **3.** c. **4.** f. **5.** d. **6.** b.

5 **1.** b. **2.** a. **3.** c. **4.** e. **5.** **d.**

6 **a.** abbiamo ; avete **b.** ha ; ho ; ha **c.** hai ; hanno **d.** hanno **e.** avete **f.** hanno **g.** ho **h.** abbiamo **i.** ha

7 **a.** siamo **b.** sei **c.** sono **d.** sono **e.** è **f.** siete

8 **1.** c. **2.** g. **3.** d. **4.** i. **5.** e. **6.** h. **7.** f. **8.** b. **9.** a.

9 **1.** lo **2.** Voi **3.** Loro **4.** Lei **5.** Noi **6.** Voi ; loro

10 [k] : b, c, e, g ; [tch] : a, d, f, h

11 **1.** [tch] **2.** [k] **3.** [k] **4.** [tch] **5.** [k] **6.** [k] **7.** [k] **8.** [tch]

3. Formes négatives et interrogatives – Nombres de 0 à 10

1 **1.** Sei ; non sono ; sono **2.** È ; non è ; è **3.** È ; non è ; è **4.** Sono ; non sono ; sono **5.** Sei ; non sono ; sono **6.** Siete ; non siamo ; siamo

2

							7.	
				1.			N	
		2.	B	O	C	C	A	
				R			S	
				E			O	
G	U	A	N	C	E	3.		
				C				
4.	O	C	C	H	I		8.	
				I			C	
		5.	M	E	N	T	O	
							L	
	6.	C	A	P	E	L	L	I
							O	

3 **a.** non abbiamo **b.** non avete **c.** non hanno **d.** non hai **e.** non ha **f.** non ho **g.** non ha **h.** non abbiamo **i.** non hanno **j.** non hanno

4 ABCAI**GONNA**OSEPPIOD**CALZE**LEMICONIUREES
PANTALONIONIE**GUANTI**PPI**CRAVATTA**TIGASELIAD
DA**SANDALI**OCCOTURAPELI**SCIARPA**IE**GIACCA**TIVOL
CAPPOTTOPARI**GIUBBOTTO**AECASO**VESTITO**PARCO
JEANSLAVITESOSAROPA**SCARPE**RETA**CINTURA**CARA
CAMICIACONSUETA**BERRETTO**SIBAR**CAPPELLO**PAVOBI
FELPACITU**MAGLIONE**PARORIBARBA**MAGLIETTA**BLIA

5 **a.** dieci **b.** uno **c.** nove **d.** tre **e.** sei **f.** otto **g.** quattro

6 **a.** hanno ; non hanno **b.** ha ; non ha **c.** sono ; non sono **d.** hai ; non ho **e.** siete ; non siamo **f.** avete ; non abbiamo **g.** sono ; non sei **h.** è ; non è

7 **1.** c. **2.** f. **3.** a. **4.** e. **5.** g. **6.** b. **7.** d.

8 **a.** rosa **b.** azzurro **c.** verde **d.** bianco **e.** nero **f.** giallo **g.** rosso **h.** blu **i.** viola **j.** arancione **k.** grigio **l.** marrone

9 stivale ; braccialetto ; camicia ; berretto ; guanti ; cravatta

10 **1.** [dj] **2.** [g] **3.** [g] **4.** [dj] **5.** [dj] **6.** [dj] **7.** [g] **8.** [dj] **9.** [g] **10.** [dj]

4. Noms altérés – Comparatifs et superlatifs

1 **1.** tavolino ; tavolone ; tavolaccio **2.** piattino ; piattone ; piattaccio **3.** forchettina ; forchettona ; forchettaccia **4.** coltellino ; coltellone ; coltellaccio

2 ODO**MINESTRA**COTO**PASTA**LUSOPI**CARNE**POLA **POLLO**SER**PESCE**ATR**INSALATA**MARA**VERDURA**VOL MARA**PATATE**COL**FRUTTA**MEPAOCICOSI**TORTA**LECI **ACETO**LPORSAADO**PEPE**LICOR**OLIO**PR**SALE**RDODU **ZUCCHERO**ESRKFINAPALI

3 **a.** 1, 7, 12 **b.** 3, 6, 9 **c.** 2, 4, 11 **d.** 5, 8, 10

4 **a.** più ; del **b.** più ; della **c.** più ; che

5 **a.** meno ; dell' **b.** meno ; della **c.** meno ; dei

6 **a.** calda come **b.** salato come **c.** buono come

7 **a.** il più famoso **b.** la (carne) più tenera **c.** il meno leggero

8 **a.** tenerissima **b.** buonissimi **c.** caldissima

9 **1.** c. B. **2.** d. A. **3.** b. D. **4.** a. C.

10 1, 2, 4, 6, 7, 8, 11, 15, 16

5. Prépositions – Présent de l'indicatif des verbes réguliers – Forme de politesse

1 **1.** d. **2.** a. **3.** f. **4.** b. **5.** c. **6.** e.

2 **1.** -o -i -a -iamo -ate -ano **2.** -o -i -e -iamo -ete -ono **3.** -o -i -e -iamo -ite -ono

3 **a.** 2. **b.** 6. **c.** 1. **d.** 4. **e.** 3. **f.** 5.

4 **a.** canto **b.** disegnate **c.** gioca **d.** parti **e.** suonano

5 **a.** balli **b.** sciano **c.** corro **d.** dipingete **e.** dorme **f.** scolpiamo **g.** capisco **h.** pratica

6 **1.** c. **2.** e. **3.** f. **4.** a. **5.** d. **6.** g. **7.** b.

7 **1.** camminiamo **2.** finisco **3.** leggete **4.** colleziona **5.** dipingi **6.** ballano **7.** passeggiate **8.** dormiamo **9.** scolpisce

8 **2.** passeggiamo **3.** Beviamo **4.** chiacchieriamo **6.** scrivo **7.** prendo

9 **a.** Hai **b.** Tu non porti **c.** Tu non leggi **d.** Nuoti **e.** Pratichi

10 **a.** Lei balla **b.** Ha **c.** Conosce **d.** Lei non ascolta **e.** Sbaglia **f.** gioca

11 a, c, d, f, g, i, j, l, n, p

6. Prépositions (suite) – Nombres de 11 à 60

1 **1.** ~~da~~ **2.** ~~con il~~ **3.** ~~con~~ **4.** ~~con~~ **5.** ~~con la~~ **6.** ~~dagli~~ **7.** ~~con~~

2 **a.** 3 **b.** 8 **c.** 2 **d.** 4 **e.** 6 **f.** 1 **g.** 7 **h.** ~~5~~

3 **a.** cinque (in punto) **b.** undici e trenta/undici e mezza **c.** otto e quindici/otto e un quarto **d.** dieci e quarantacinque/dieci e tre quarti/undici meno un quarto **e.** l'una e quaranta/ due meno venti **f.** dodici (in punto)/ mezzogiorno **g.** nove/ventuno

4 **1.** otto ; nove e un quarto/nove e quindici **2.** tredici/una **3.** diciotto/sei ; diciotto e quarantacinque/ sei e tre quarti **4.** venti/otto

5 **a.** sera **b.** pomeriggio **c.** mattina **d.** notte

6 **1.** giovedì **2.** martedì **3.** domenica **4.** lunedì **5.** sabato **6.** mercoledì **7.** venerdì

7 **a.** venti e quarantacinque/otto e tre quarti **b.** martedì ; giovedì ; sabato **c.** lunedì ; venerdì ; diciassette e trenta/ cinque e mezza **d.** mattina **e.** sera **f.** domenica

8 **a.** Buonasera **b.** Buongiorno **c.** Buonanotte **d.** Buongiorno **e.** Ciao **f.** Arrivederci **g.** Buonanotte **h.** Ciao

9 **a.** Dopo **b.** presto ; tardi **c.** mai **d.** spesso **e.** prima ; A volte **f.** sempre

10 **a.** Primavera **b.** Inverno **c.** Autunno **d.** Estate

11 **a.** Aprile, Giugno, Settembre, Novembre. **b.** Gennaio, Marzo, Maggio, Luglio, Agosto, Ottobre, Dicembre **c.** Febbraio

12 **1.** c **2.** a **3.** d **4.** b **5.** e

13 **1.** aglio **2.** bottiglia **3.** maglione **4.** foglia

7. Adjectifs et pronoms possessifs – Pronoms personnels compléments directs

1 **a.** 3 **b.** 1 **c.** 2 **d.** 5 **e.** 6 **f.** 4 **g.** 7

2 **C U G I N O** T R A L E O I **N I P O T E** O S A
I A **P A D R E** M I F U N E **F R A T E L L O** P
A C H I R I **S O R E L L A** A M A F A L L A I
M A D R E G I G H I S I R O **Z I O** A C E L U
O F A **F I G L I O** Q U A L O P O S O T I P A L
G A R O L L I **N O N N O** C E P U T O B O N
A V I **S U O C E R O** E P O **C O G N A T O** L I

3 **a.** 5 ; 6 **b.** 3 **c.** 2 **d.** 8 **e.** 7 **f.** 1 **g.** 4

4 **1.** Suo cugino **2.** I loro cani **3.** La nostra casa **4.** I vostri nipoti **5.** La mia bicicletta **6.** I tuoi zii **7.** La mia nonna **8.** I suoi cognati

5 **1.** i vostri **2.** le loro ; loro **3.** sua **4.** il mio **5.** i nostri **6.** il tuo

6 **1.** Un vostro studente **2.** Delle sue colleghe **3.** Un nostro insegnante **4.** Dei tuoi parenti

7 **a.** No, non è sua, è mia. **b.** Sì, sono miei. **c.** No, non sono nostre, sono loro. **d.** Sì, è suo. **e.** No, non sono miei, sono suoi. **f.** Sì, è la nostra.

8 **a.** 6 **b.** 7 **c.** 2 **d.** 8 **e.** 1 **f.** 4 **g.** 3 Intrus : 5

9 **a.** la **b.** ci **c.** ti **d.** mi **e.** vi **f.** li **g.** le

10 **a.** ombrello **b.** sorella **e.** collana **f.** braccialetto **g.** gatto **h.** quattro **k.** collega **m.** maglietta **n.** giacca **p.** bocca

8. Présent des principaux verbes irréguliers

1 **a.** Vai **b.** Diamo **c.** Fanno **d.** Dai **e.** Faccio **f.** Restiamo

2 **a.** Vanno **b.** Dai **c.** Facciamo **d.** Sta **e.** Andate **f.** Faccio

3 **a.** Possiamo **b.** Non sanno **c.** Devi **d.** Non voglio **e.** Beve **f.** Volete

4 **a.** bevo **b.** puoi **c.** dovete **d.** vogliamo **e.** sa

5 **a.** Non vengo **b.** Escono **c.** Diciamo **d.** Salgono **e.** Esci

6 **1.** Vengo **2.** so **3.** esce **4.** sale **5.** esco **6.** salgo **7.** dice **8.** viene

7 **1.** b. **2.** j. **3.** f. **4.** a. **5.** g. **6.** e. **7.** i. **8.** h. **9.** c. **10.** d.

8 **a.** dite ; diciamo **b.** fanno **c.** dà **d.** usciamo **e.** fanno **f.** fa

9 **a.** Vado dal fornaio. **b.** Non escono mai. **c.** Beviamo un bicchiere di vino. **d.** Vuole uscire con noi. **e.** Non dite niente.

10 **1.** state **2.** Stiamo **3.** sta **4.** Sto **5.** volete **6.** usciamo **7.** facciamo **8.** bevete **9.** beviamo **10.** prendete **11.** faccio

9. Passé composé – Accord du participe passé – Pronoms personnels compléments indirects

1 **1.** c. professoressa **2.** b. vigilessa **3.** f. direttrice **4.** e. barista **5.** h. dottoressa **6.** a. infermiera **7.** d. meccanica **8.** i. cuoca **9.** g. impiegata

2 **a.** ha preparato **b.** ha controllato **c.** avete finito **d.** hanno curato **e.** hanno capito **f.** hai portato **g.** Sono andato **h.** siete arrivati

3 **a.** abbiamo dovuto **b.** avete dato **c.** ho saputo **d.** hai voluto **e.** hanno scelto **f.** ha detto **g.** sono venuti

4 **1.** sono venuto **2.** sono uscito **3.** ho preso **4.** sono stato **5.** ho avuto **6.** ha preso **7.** Sono andato **8.** Ho bevuto **9.** ho guardato **10.** ho fatto

5 Busta a : 2, 5 Busta b : 1, 3, 4, 6

6 **1.** b. **2.** d. **3.** f. **4.** g. **5.** c. **6.** a. **7.** e.

7 **a.** -e **b.** -a **c.** -o **d.** -i **e.** -o **f.** -e **g.** -i

8 **a.** li ha mangiati **b.** l'ho spedita **c.** l'ho riparato **d.** l'abbiamo portata **e.** le ho pagate **f.** l'hai preparato

9 **1.** f. **2.** a. **3.** d. **4.** c. **5.** b. **6.** e

10 **a.** Gli **b.** le **c.** Gli **d.** Ti **e.** Mi **f.** Ci **g.** vi

11 **a.** qu **b.** qu **c.** cu **d.** qu **e.** cu **f.** qu **g.** qu **h.** cu **i.** cu **j.** cu

10. Formes passive, réfléchie, impersonnelle

1 **a.** è studiato **b.** sono pettinati **c.** è amato **d.** sono preparati

2 **a.** è stato finito **b.** è stato visto **c.** è stata riparata **d.** è stato pagato

3 **a.** Le vacanze al mare sono scelte da molte persone. **b.** Il gatto è accarezzato dai bambini. **c.** La cena è stata preparata dagli zii. **d.** I parenti sono stati accompagnati alla stazione da Mara.

4 **a.** I professori aiutano gli studenti. **b.** Gli italiani amano la pizza. **c.** Il medico ha visitato Laura. **d.** Il direttore ha pagato la cena.

5 **1.** b, d, e, g, j **2.** f, i **3.** a, c, h

6 **a.** mi **b.** ti **c.** vi **d.** si **e.** ci **f.** si **g.** si

7 **1.** d. **2.** e. **3.** a. **4.** b. **5.** c.

8 **a.** -a **b.** -o **c.** -e **d.** -i **e.** -e **f.** -o **g.** -a **h.** -i

9 **a.** ti lavi ; ti pettini **b.** si veste **c.** si impegna **d.** si allenano **e.** si lava **f.** ci rilassiamo **g.** Vi addormentate **h.** si mette

10 **a.** ti sei lavato (ou lavata) ; ti sei pettinato (ou pettinata) **b.** si è vestita **c.** si è impegnato **d.** si sono allenate **e.** si è lavato **f.** ci siamo rilassati (ou rilassate) **g.** vi siete addormentati (ou addormentate) **h.** si è messa

11 **a.** si passeggia **b.** si mangia **c.** ci si levano **d.** si va **e.** si fa **f.** si bevono **g.** si preparano **h.** si prende

12 **1.** b. **2.** a. **3.** e. **4.** i. **5.** d. **6.** c. **7.** f. **8.** h. **9.** g.

11. Démonstratifs – Indicateurs de position dans l'espace

1 **a.** Questa **b.** questi **c.** questo **d.** Questa **e.** queste

2 **a.** Quell' **b.** Quel **c.** quella ; quei **d.** quello ; quelle **e.** Quegli

3 **a.** Quella **b.** questo **c.** questa **d.** Quei **e.** quegli **f.** Quell' **g.** queste **h.** quello

4 **a.** in mezzo **b.** davanti **c.** sopra **d.** a sinistra **e.** sotto

5 **a.** qua/là **b.** vicino/lontano **c.** qui vicino/accanto **d.** dentro/di fianco

6 **a.** là vicino ; in fondo **b.** dietro **c.** sotto **d.** fuori **e.** a destra **f.** al centro

7 **a.** sulla **b.** sulle **c.** sullo **d.** sul **e.** sull' **f.** sulla **g.** sui **h.** su **i.** su

8 **a.** quella **b.** questi ; quelli **c.** queste **d.** questa **e.** queste ; quelle **f.** quello **g.** questo

9 **a.** rimango **b.** rimane **c.** rimaniamo **d.** rimane **e.** rimangono

10 **a.** valgono **b.** valgo **c.** vali **d.** vale **e.** valgono

11 ci sono ; c'è ; c'è ; ci sono ; c'è ; ci sono ; ci sono

12 ci sono state ; c'è stata ; c'è stato ; ci sono stati

12. L'impératif – Les expressions de politesse

1 **a.** Guardate **b.** attravesare **c.** Gira **d.** guidate **e.** partiamo **f.** Passa **g.** Chiediamo **h.** Rallenta

2 **a.** Non venire! **b.** Parlate! **c.** Andiamo! **d.** Gira a destra! **e.** Non parcheggiare la tua macchina qui! **f.** Rallentate! **g.** Non parliamo! **h.** Guarda l'incrocio!

3 **a.** Fa' **b.** Va' ; sta' **c.** Da' **d.** Di' **e.** Sta'

4 **a.** Accompagnami **b.** Portiamole **c.** Ditegli **d.** chiediamole **e.** ascoltarli/non li ascoltare **f.** portalo **g.** perdetele/le perdete

5 **1.** d. **2.** f. **3.** i. **4.** h. **5.** b. **6.** e. **7.** c. **8.** g. **9.** j. **10.** a.

6 **1.** lavati **2.** pettinati **3.** mettiti **4.** allacciati **5.** mettetevi **6.** toglietevi **7.** sedetevi

7 **a.** allacciarti **b.** darvi **c.** portarla **d.** accompagnarlo **e.** mostrarvi **f.** prepararmi **g.** parlarti **h.** fargli **i.** darmi

8 **1.** c. **2.** i. **3.** e. **4.** a. **5.** b. **6.** f. **7.** j. **8.** g. **9.** h. **10.** d.

9 **1.** Mi dica **2.** Ci vada **3.** la parcheggi **4.** La metta **5.** lo dia

10 **1.** si accomodi **2.** si levi **3.** lo dia **4.** si sieda **5.** Mi porti **6.** La prenda

11 **2.** Buongiorno, come si chiama? **3.** Di dov'è? **4.** La ringrazio **5.** Si accomodi **6.** Ci scusi

13. Imparfait et plus-que-parfait – Pronoms personnels compléments

1 **a.** 2. visitavo 3. passeggiavo 8. facevo **b.** 1. nuotava 4. prendeva 7. guardava **c.** 5. mangiavamo 6. camminavamo 9. raccoglievamo

2 **a.** guardavi **b.** viaggiavano **c.** partivamo **d.** guidavo **e.** vendeva **f.** camminava **g.** credevate **h.** capivo

3 **a.** facevamo **b.** andavamo **c.** venivate **d.** uscivo **e.** dicevi ; preferivi **f.** leggeva **g.** diceva **h.** seguivamo

4 **a.** eravamo **b.** eri **c.** eravate **d.** erano **e.** era **f.** ero **g.** era **h.** era **i.** erano

5 **a.** eravamo ; avevamo **b.** aveva ; era **c.** eravate ; avevate **d.** aveva ; era

6 **a.** avevo preparato **b.** aveva detto **c.** avevano deciso **d.** avevate finito **e.** ero uscito **f.** avevi mangiato **g.** aveva accompagnato **h.** eravate arrivati **i.** avevo capito

7 **a.** c'era **b.** c'era stato **c.** c'erano stati **d.** c'era **e.** c'erano

8 **a.** parlo a te **b.** vede lei **c.** accompagna voi **d.** guardate lui **e.** da' a me **f.** ascolta me **g.** capisco te ; capisci me

9 **a.** È successo a me, non a te! **b.** Lo faccio per voi, non per me! **c.** Parla con noi, non con loro! **d.** Non dirlo a me, dillo a lei!

10 **a.** Pettinati ; pettinati **b.** leggere ; leggere **c.** ancora ; ancora **d.** capitano ; capitano **e.** abituati ; abituati **f.** seguito ; seguito **g.** capito ; capito

14. Les pronoms personnels groupés

1 **a.** te lo **b.** glielo **c.** ce lo **d.** ve lo **e.** glielo

2 **a.** te ne **b.** gliene **c.** ce ne **d.** ve ne **e.** gliene

3 **a.** ce ne ha proposte **b.** ve l'ho prenotata **c.** gliene ho preparati **d.** gliele ha vendute **e.** te ne ha parlato

4 **a.** ci **b.** ce **c.** ci **d.** ce **e.** ce

5 **a.** portaglielo **b.** dateglieli **c.** prepariamogliele **d.** passateglielo **e.** fagliela **f.** diglielo

6 **a.** metticela **b.** raccontacelo **c.** ce li metta **d.** ce la dia **e.** daccelo

7 **1.** metticeli **2.** dammela **3.** Fammela **4.** facciamocela montare

8 **1.** parlarvene **2.** raccontarcela **3.** darglielo **4.** offrirvelo

9 **1.** cambiarmeli **2.** Cambiateli **3.** lavarmeli **4.** Lavateli **5.** asciugarmeli **6.** Asciugateli **7.** farmela

10 **1.** a. **2.** b. **3.** a. **4.** c. **5.** b. **6.** a.

11 **a.** Portatemelo **b.** fategliela **c.** accompagnacelo **d.** Parlamene **e.** diteglielo **f.** datecele

15. Nombres (suite)

1 **a.** sessantatré **b.** novantuno **c.** quarantacinque **d.** ottantasette **e.** ventotto **f.** trentatré **g.** novantanove **h.** cinquantanove **i.** settantasei **j.** novantatré

2 **a.** trecentoottantasette **b.** settecentoventuno **c.** quattrocentocinquantatré **d.** novecentoquarantasei **e.** centosessantanove **f.** ottocentosettantatré **g.** duecentocinquantotto **h.** trecentonovantacinque **i.** cinquecentoquarantatré **j.** seicentotrentaquattro

3 **a.** novemilatrecentosedici **b.** duemila
c. quattordicimilaottocentosettantaquattro
d. quattromilasettecentoventi
e. ventunomiladuecentonovantatré
f. centocinquantamila
g. tremilaottocentoventicinque
h. duecentocinquantanovemila
i. ottocentocinquantaquattromiladuecentotrentuno
j. millecinquecentoquarantaquattro

4 **a.** 09/07/1962 **b.** 12/1991 **c.** 325 **d.** 2 343

5 **a.** otto maggio millenovecentoottantasei **b.** duemilatrecentocinquanta **c.** ventisette gennaio millesettecentocinquantasei **d.** duemilacinque

6 **1.** millenovecentoottantatré **2.** millenovecentonovantasette **3.** duemilasedici **4.** cinquecentotrentacinque **5.** duecentoventinove

7 **a.** settimo **b.** nono **c.** dodicesimo **d.** sedicesimo **e.** ventesimo **f.** ventitreesimo **g.** trentaquattresimo **h.** quarantunesimo **i.** cinquantaseiesimo **j.** sessantasettesimo

8 **a.** undicesimo **b.** trentacinquesimi **c.** centocinquantaquattresima **d.** primo **e.** quinto **f.** quarti **g.** terza **h.** ottavo **i.** decima **j.** centesimo **k.** penultima **l.** terzultimo

9 **a.** sei dodicesimi **b.** quattro sesti **c.** sette noni **d.** due decimi **e.** quattro settimi

10 **a.** deducevamo **b.** aveva prodotto **c.** conducono **d.** riduco **e.** traducevate **f.** hai tradotto

16. Exprimer le futur

1 **a.** prepareremo **b.** partirai **c.** correrà **d.** visiterò **e.** finiranno **f.** prenderete

2 **a.** giocheranno **b.** navigheremo **c.** piegherai **d.** sporcherò **e.** negherete

3 **a.** verranno **b.** sarai **c.** andrà **d.** vedrete **e.** dovrò **f.** faremo **g.** rimarrò

4

			E	P	I	F	A	N	I	A		
			C	A	R	N	E	V	A	L	E	
				S								
	P	A	S	Q	U	A						
				U								
			F	E	R	R	A	G	O	S	T	O
				T								
		N	A	T	A	L	E					
			C	A	P	O	D	A	N	N	O	

5 **1.** farai **2.** starò **3.** andrò **4.** Resterò **5.** cercheranno **6.** sarà

6 OGGI : b, c, e, h, j DOMANI : a, d, f, g, i

7 **a.** avrò finito **b.** sarete andati **c.** saremo arrivati **d.** avrai mangiato **e.** sarà tornata **f.** avranno comprato **g.** sarà stata

8 **a.** parlerai **b.** vedranno **c.** verranno **d.** sta per arrivare **e.** avrai fatto **f.** avrò dovuto **g.** sarete **h.** dovremo

9 **a.** stiamo per aprire **b.** sto per salire **c.** sta per arrivare **d.** stava per telefonarti **e.** stavo per venire **f.** stanno per partire **g.** sta per preparare

10 **1.** c. **2.** h. **3.** e. **4.** a. **5.** g. **6.** f. **7.** b. **8.** d.

17. Pronoms relatifs, interrogatifs et exclamatifs – Noms de villes

1 **a.** Metti la gonna lunga che ti sta bene. **b.** Prendi il libro che è sul letto. **c.** Dipingo i muri di verde che è il mio colore preferito. **d.** Mangio la mela che è sul tavolo. **e.** Rispondi al telefono che squilla. **f.** Scrivilo sull'agenda che è nella borsa.

2 **1.** b. **2.** c. **3.** d. **4.** g. **5.** a. **6.** h. ; e. **7.** f.

3 **a.** con cui **b.** in cui **c.** che **d.** per cui **e.** su cui **f.** che **g.** di cui **h.** che

4 **a.** Quelli che sanno l'inglese trovano lavoro. **b.** Quelle che si sono presentate sono state assunte. **c.** Quelli che hanno visitato Verona sono stati contenti. **d.** Quelli che sono stati al mare sono abbronzati. **e.** Quelli che andranno in palestra saranno in forma.

5 **1.** a. ou b. **2.** c. **3.** a. ou b. **4.** d. ou e. **5.** f. ou g. **6.** f. ou g. **7.** d. ou e.

6 **a.** Chi **b.** quale **c.** Cos' **d.** Quanto **e.** Cosa **f.** Quanto **g.** chi **h.** chi **i.** Cosa **j.** Quanti

7 **1.** b. **2.** f. **3.** a. **4.** h. **5.** c. **6.** e. ou g. ou b. ou i. – **7.** f. **8.** d. **9.** e. ou g. ou b.

8 **a.** Studio l'italiano, ma non capisco chi parla in fretta. **b.** Chi parla troppo non ascolta molto. **c.** Con chi andrai a Roma? **d.** Non sapevamo a chi chiedere l'indirizzo. **e.** Aiutiamo chi ha bisogno di noi. **f.** Chi ha scritto quella lettera è un caro amico di Cagliari. **g.** Chi voleva vedere la mostra a Bologna doveva prenotare. **h.** Chi dorme non piglia pesci.

9 **a.** quello che **b.** quale persona **c.** quale persona **d.** quale persona **e.** quello che **f.** quale persona **g.** quello che **h.** Quello che **i.** Quello che

10 **1.** a. **2.** a. **3.** a. ou b. **4.** a. **5.** c. **6.** f. **7.** f. **8.** d. **9.** e.

18. Verbes impersonnels – Gérondif

1 **1.** d. **2.** f. **3.** b. **4.** e. **5.** a. **6.** c.

2 **a.** conviene **b.** succedeva **c.** conviene **d.** bisognerà **e.** conviene **f.** succedeva **g.** bisognava **h.** succede

3 **1.** c. **2.** d. **3.** g. **4.** e. **5.** f. **6.** a. **7.** b.

4 **a.** Camminando **b.** facendo **c.** ascoltando **d.** guardando **e.** piangendo **f.** Studiando **g.** Parlando **h.** ascoltando

5 **1.** f. **2.** c. **3.** d. **4.** e. **5.** b. **6.** a.

6 **a.** sta scrivendo **b.** stanno giocando **c.** sta piovendo **d.** sta studiando **e.** sta arredando **f.** stanno preparando **g.** stiamo partendo **h.** state ascoltando **i.** stavo correndo **j.** stavamo passeggiando

7 **a.** stavate uscendo **b.** stava tornando **c.** stavo dormendo **d.** stavate prendendo **e.** stava nevicando

8 **a.** Scrivendogli **b.** Guardandola negli occhi **c.** Leggendogli la storia **d.** Salutandola **e.** Parlandogli **f.** Vedrò dov'è andandoci. **g.** Passandoci

9 **a.** ci sarà **b.** c'era **c.** c'era stato **d.** c'è **e.** c'è stato

10 **a.** ci sono **b.** ci saranno **c.** c'erano state **d.** c'erano

19. Prépositions, conjonctions, adverbes

1 **a.** di **b.** in **c.** a **d.** in **e.** su **f.** da (ou a) **g.** per **h.** tra (ou fra) ; di **i.** tra (ou fra) **j.** con **k.** di **l.** da

2 **1.** a **2.** per **3.** al **4.** alle **5.** sulla **6.** in **7.** in **8.** con **9.** di **10.** sul **11.** al **12.** tra **13.** al **14.** da

3 **a.** nel ; della **b.** sulla **c.** dal **d.** dello **e.** dalla ; alla

4 **1.** e. **2.** b. **3.** d. **4.** a. **5.** c. **6.** f.

5 **1.** f. **2.** a. **3.** c. **4.** d. **5.** e. **6.** b.

6 **1.** a. **2.** h. **3.** c. **4.** d. **5.** b. **6.** e. **7.** f. **8.** g.

7 lentamente – velocemente – attentamente – recentemente – delicatamente – dolcemente – veramente – allegramente – tristemente

8 **1.** e. **2.** d. **3.** c. **4.** f. **5.** b. **6.** g. **7.** a.

9 **1.** e. **2.** b. **3.** d. **4.** f. **5.** g. **6.** c. **7.** a.

10 **1.** c. **2.** b. **3.** b. **4.** a. **5.** c. **6.** b. **7.** a.

20. Adjectifs et pronoms indéfinis – Exercices de révision

1 **1.** d. ; b. **2.** f. **3.** c. **4.** j. **5.** e. ; a. **6.** g. **7.** h. **8.** i.

2 **1.** Ci piace il mare. **2.** Gli piace la cioccolata. **3.** Mi piace la lingua italiana. **4.** Ti piace la musica jazz. **5.** Non le piace lo sciroppo per la tosse. **6.** Non vi piace la pasta. **7.** Non ci piacciono le città grandi. **8.** Non mi piace la montagna.

3 **a.** Dove hai messo le chiavi? Sono sul tavolino. **b.** Dov'è la mia macchina? È dietro la sua. **c.** Dov'è la bicicletta? È dentro il garage. **d.** Dove sono le mie scarpe? Sono sotto il letto. **e.** Dov'è la farmacia? È tra il bar e la banca.

4 **a.** alle sette e quarantacinque/alle sette e tre quarti **b.** alle sei e cinque **c.** alle venti e quindici/alle otto e un quarto **d.** alle diciotto/alle sei **e.** alle ventidue e quaranta/alle dieci e quaranta/alle undici meno venti **f.** alle sei e quindici/alle sei e un quarto

5 **a.** lago, montagna, campagna, mare **b.** bus, bicicletta, macchina, aereo **c.** pantaloni, maglietta, vestito, giacca

6 martello

7 **a.** albero **b.** capelli **c.** cassetto **d.** panino **e.** semaforo **f.** vino **g.** amico **h.** fratello

8 ascoltare : ho ascoltato ; ascoltavo ; ascolterò ; avrò ascoltato
leggere : leggo ; leggevo ; avevo letto ; leggerò
scrivere : ho scritto ; avevo scritto ; scriverò ; avrò scritto
capire : ho capito ; capivo ; avevo capito ; capirò
finire : finisco ; ho finito ; finivo ; avrò finito

9 viaggerai ; hanno guidato ; leggevi ; avevano costruito ; avrai aspettato ; pensiamo ; hai capito ; passeggiavamo

10 **1.** g. **2.** k. **3.** c. **4.** d. **5.** b. **6.** h. **7.** f. **8.** j. **9.** a. **10.** l. **11.** e. **12.** i

TABLEAU D'AUTOÉVALUATION

Bravo, vous êtes venu à bout de ce cahier ! Il est temps à présent de faire le point sur vos compétences et de comptabiliser les icônes afin de procéder à l'évaluation finale. Reportez le sous-total de chaque chapitre dans les cases ci-dessous puis additionnez-les afin d'obtenir le nombre final d'icônes dans chaque couleur. Puis découvrez vos résultats !

Chapitre			
1. Articles, noms et adjectifs			
2. Les verbes *essere* et *avere* au présent de l'indicatif Les pronoms personnels sujets			
3. Formes négative et interrogative – Nombres de 0 à 10			
4. Noms altérés – Comparatifs et superlatifs			
5. Prépositions – Présent de l'indicatif des verbes réguliers – Forme de politesse			
6. Prépositions (suite) – Nombres de 11 à 60			
7. Adjectifs et pronoms possessifs – Pronoms personnels compléments directs			
8. Présent des principaux verbes irréguliers			
9. Passé composé – Accord du participe passé – Pronoms personnels compléments indirects			
10. Formes passive, réfléchie, impersonnelle			
11. Démonstratifs – Indicateurs de position dans l'espace			
12. L'impératif – Les expressions de politesse			
13. Imparfait et plus-que-parfait – Pronoms personnels compléments			
14. Les pronoms personnels groupés			
15. Nombres (suite)			
16. Exprimer le futur			
17. Pronoms relatifs, interrogatifs et exclamatifs – Noms de villes			
18. Verbes impersonnels – Gérondif			
19. Prépositions, conjonctions, adverbes			
20. Adjectifs et pronoms indéfinis – Exercices de révision			

Total, tous chapitres confondus			

Vous avez obtenu une majorité de...

Bravissimo! Vous maîtrisez maintenant les bases de l'italien. Vous êtes maintenant prêt à aller encore plus loin !

Non c'è male... Mais vous pouvez encore progresser ! Refaites les exercices qui vous ont donné du fil à retordre en jetant un coup d'œil aux leçons !

Coraggio! Vous êtes un peu rouillé... Reprenez l'ensemble de l'ouvrage en relisant bien les leçons avant de refaire les exercices.

Fotolia : eyewave : 102 ; Nevena Radonja : 38 ; Sentavio : 7, 17, 35 (pull) – **Shutterstock** : 32 pixels : 35h ; ADE2013 : 64 ; Aleutie : 113 ; Anastasia Golubovich : 44b ; Anastasia_B : 80 ; angkrit : 72hg ; Anna Frajtova : 43 (pain) ; Annasunny24 : 93hg ; AriSys : 53 ; Artisticco : 21, 35 (ail) ; AVS-Images : 52 ; Azaze11o : 47hd ; Banana vector : 100 ; Barmaleeva : 50, 117, 117, 117 ; Beresnev : 39 ; beta757 : 90 ; Blablo101 : 111 ; Bloomicon : 99b ; Bplanet : 71, 91bg, 105hd ; Bukhavets Mikhail : 69bg ; Dacian G : 49b ; davorana : 17 ; Delices : 63, 80bg ; djdarkflower : 43 ; Dooder : 54b ; Doremi : 5g ; eatcute : 31m ; edel : 103 ; Ellegant : 60 ; Evellean : 110b ; Fotinia : 16, 17, 18, 57, getfile : 45 ; GoodVector : 33, 40m, 98hd, Grimgram : 28 ; grmarc : 78hg ; Gurza : 65 ; HieroGraphic : 53b ; honglouwawa : 77 ; Incomible : 5bd, 17, 61m, 99, 110 ; inithings : 7bd, 7bg, Irina Kostyuk : 18m, 101bd, 106mg ; Iurii Augulis : 94b ; jabkitticha : 115b ; Jemastock : 69bd, jesadaphorn : 50, 96 ; Julia Tim : 55, 73, 91bd ; KannaA : 62g ; Ksanawo : 26, 97b ; Kseniia Voropaeva : 74 ; kuzzie : 83 ; La1n : 12, 29h ; LineTale : 32, 62 ; Lorelyn Medina : 57m ; lyeyee : 4 ; Lyudmyla Kharlamova : 56 ; Macrovector : 11, 24, 35 (huile), 46, 48, 76m, 79, 86, 97, 104, 107, 110m ; manop : 31b ; manukandesign : 70hd ; Margarita Levina : 70bm, 93, Marish : 5m, 7bg (stylo), 7m, 27 ; mart : 20, 21, 44hg ; Mascha Tace : 50b, 65b, 82, 88g, 93b ; melissa held : 70 ; Millena : 49 ; milo827 : 112hd ; Minur : 67 ; mirrra3 : 108 ; Mix3r : 118 ; MSSA : 5m ; MuchMania : 29b ; MyClipArtStore.com : 40g, 101, 106 ; narakOrn : 89 ; nasrin waesalaeh : 14 ; Neti.OneLove : 5bm, 40hg, 116 ; newcorner : 107bg ; nikiteev_konstantin : 7bd ; NotionPic : 22h ; Oceans : 7d, 102 ; Olga1818 : 8, 9, 13, 34, 36, 37, 68, 72, 75, 79bg, 81, 94, 98, 117gm ; olillia : 95 ; Orion-v : 69 ; Oxy_gen : 59, 66 ; Padma Sanjaya : 42 ; Paola Canzonetta : 59m, 85 ; Parinya Hirunthitima : 84hg ; Pretty Vectors : 30, 84 ; rassco : 74hg ; Reamolko : 5hd ; Reljic Aleksandra : 19 ; Rudie Strummer : 10 ; sayhmog : 61 ; SlyBrowney : 22b ; Smart Design : 47 ; SThom : 51, 115 ; Stocklifemax : 88, Tajuan : 35 (bouteille) ; tandaleah6 : 76 ; tn-prints : 91, 92 ; Tomacco : 85g ; Trikona : 5m, 5md, 5mg ; tumasia : 116b ; VAZZEN : 25 ; Vector Bakery : 104hg, 116bg ; Vector pro : 7bg (parapluie) ; venimo : 105 ; Vetreno : 54 ; Victor Metelskiy : 87 ; whanwhan.ai : 106b ; yoshi-5 : 112 ; zzveillust : 35 (feuille)

Conception graphique : MediaSarbacane

Mise en pages : Grégoire Chauvière
pour Céladon éditions

Réalisation : Céladon éditions,
www.celadoneditions.com

Dépôt légal : août 2017

N° édition : 4318 – décembre 2023

ISBN : 978-2-7005-0985-4

www.assimil.com

Imprimé en Roumanie par Master Print